Matthias Bormuth

Erich Auerbach – Kulturphilosoph im Exil

Matthias Bormuth

Erich Auerbach –
Kulturphilosoph im Exil

Wallstein Verlag

Für Papo

Inhalt

Im Spiegel Montaignes
Prolog

> […] Doch nur Geduld!
> Die Seele wirkt den auf gedunsnen Stoff
> Bald in einander, schafft sich Raum und Licht,
> Und Ordnung kommen wieder.
> G. E. Lessing

I.

Erich Auerbach begegnete mir zum ersten Mal in dem schmalen Band *Philologie der Weltliteratur. Sechs Versuche über Stil und Wahrnehmung*, der 1992 anlässlich seines 100. Geburtstags erschienen war.[1] Mein Vater hatte mir die kleine Auswahl der Essays einige Jahre später geschenkt, nachdem sie in ein modernes Antiquariat gewandert waren. Die elegant und einfach geschriebenen kulturphilosophischen Essays boten Einblicke in die romanische Literatur von Vergil über Dante, bis hin zu Montaigne und der literarischen Moderne.

»Philologie der Weltliteratur«, ein später Essay, beschrieb suggestiv, wie Auerbach sich eine synthetische Literaturhistorie vorstellte. Emphatisch wird der »Kairos« des verstehenden Zuganges zur Weltliteratur in einem Moment beschrieben, in dem ihre dauerhafte Vernichtung durch weltweite Prozesse der Standardisierung sich als Möglichkeit am Horizont abzeichnet. Entscheidend für die Bewahrung der kulturell wichtigsten Standpunkte und Zusammenhänge sei individuelle Intuition, um wissenschaftlich und künstlerisch zu überzeugen: »Die historische Synthese, an die wir denken, obwohl sie nur auf der Grundlage wissenschaftlicher Durchdringung des Materials ihren Sinn finden kann, ist ein Erzeugnis persönlicher Intuition, und also nur vom Einzelnen zu erwarten. Wo sie vollkommen gelänge, da wäre zugleich eine wissenschaftliche Leistung und ein Kunstwerk entstanden.«[2] Ein Satz des Augustinus, der »Philologie der Weltliteratur« als Motto vorangestellt ist, verdichtet den subjektiven Kern der Erkenntnislehre:[3] »Ein beträchtlicher Teil des Findens besteht darin, zu wissen, was du fragen willst.«

Obwohl der Essay an keiner Stelle *Mimesis. Dargestellte Wirklichkeit in der abendländischen Literatur* nennt, sondern höflich Ernst Robert Curtius' parallel erschienene Studie *Europäische Literatur und lateinisches Mittelalter* anführt, lässt sich ahnen, dass Auerbach bei seinen Überlegungen ebenfalls das gelungene Beispiel seines Hauptwerks vor Augen hatte. Es war in den letzten Kriegsjahren entstanden, nachdem der deutsch-jüdische Romanist die Marburger Professur verloren und in Istanbul als Exilant eine neue Wirkungsstätte gefunden hatte, an der er junge Türken in die europäische Literatur einführen sollte. Dass sein philologisch-synthetischer Blick auch von den historischen Umständen geprägt war, ließ Auerbach in der ihm typischen Weise des indirekten Sprechens erkennen: »Das praktische Seminar in Weltgeschichte, an dem wir teilgenommen haben und noch teilnehmen, hat mehr Einsicht und Vorstellungskraft für geschichtliche Gegenstände ausgebildet als man früher besaß«.[4]

In Deutschland wurde *Mimesis*, das 1946 in der Schweiz veröffentlicht worden war, mit der Zeit ein Klassiker der komparatistischen Literaturhistorie. Aber noch zehn Jahre nachdem Auerbach 1957 im amerikanischen Exil verstorben war, verschleierte die Einleitung in seine *Gesammelten Aufsätze zur Romanischen Philologie* das politische Schicksal des Autors.[5] Erst die Edition einiger Briefe an einen Marburger Schüler, in der Martin Vialon in einer biographischen Skizze und in Stellenkommentaren vor allem die Jahre im Exil ausleuchtete, machte 1998 für eine breitere Leserschaft allmählich sichtbar, was Auerbach erlitten hatte, bevor er an den amerikanischen Elite-Universitäten in Princeton und Yale noch zum bewunderten Deuter der abendländischen

Literatur wurde.[6] Er selbst resümierte am Ende von »Philologie der Weltliteratur« die Not des Exils als etwas, das ihm als Romanisten zur Tugend geworden war: »Jedenfalls aber ist unsere philologische Heimat die Erde; die Nation kann es nicht mehr sein. Gewiß ist noch immer das Kostbarste und Unentbehrlichste, was der Philologe ererbt, Sprache und Bildung seiner Nation; doch erst in der Trennung, in der Überwindung wird es wirksam.«[7]

II.

Als zweiter Essay fiel in der kleinen Auswahl besonders das Porträt Montaignes auf, zumal es etwas vom Selbstverständnis Auerbachs als Autor andeutete. Der 1932, wenige Jahre nach Antritt seiner Marburger Professur, veröffentlichte Essay »Der Schriftsteller Montaigne« lässt in der dichten Zusammenschau indirekt seine eigene Form der intuitiven wie kosmopolitischen Nachdenklichkeit erkennen, die in ihrer stilistischen Eleganz und Klarheit später *Mimesis* und viele seiner Studien prägen sollte. Es ist vor allem der radikale Bezug auf das, was dem Einzelnen nötig erscheint, unabhängig von den Interessen seiner näheren oder weiteren Umwelt. Auerbach sieht den Autor der *Essais* als erstes Beispiel einer modernen Existenz, der zurückgezogen im Turm, umgeben von seinen Büchern, für sich denkt und schreibt: »Er verteidigt seine innere Einsamkeit; aber was besaß er an ihr, was machte sie ihm so wertvoll? Sie ist sein Leben selbst, sein Insich- und Beisichsein, sein Haus, sein Garten und seine Schatzkammer. Dorthin trägt er, was er etwa auf seinen Streifzügen in der Welt Kostbares erobert; dort verarbeitet und durchdringt er es mit der Würze seines Wesens. Was ist und was tut er dort? Es ist nicht christliche Weltflucht, nicht Wissenschaft und nicht Philosophie. Es ist etwas, wofür es noch keinen Namen gibt. Er überläßt sich sich selbst.«[8]

Im Spiegel Montaignes offenbart sich nicht nur das Ideal des Philologen, der im akademischen Elfenbeinturm, mit Muse seine Autoren liest und bedenkt. Es zeigt sich auch ein existentialistischer Zug Auerbachs, der nicht zuletzt der Marburger Atmosphäre um 1930 geschuldet ist, in der Karl Löwith und andere Mitglieder der geisteswissenschaftlichen Fakultät das Denken Martin Heideggers vermitteln. Unabhängig vom philosophisch prägnanten Zugriff eines »Daseins zum Tode« ist für Auerbach die Todesnähe auch ein Stachel des Nachdenkens bei Montaigne in der platonischen Tradition. Im fiktiven Monolog findet sich für diesen beschrieben, was Auerbach als Gedanken selbst im Herzen trägt: »In der Gesellschaft, mit anderen, ist Montaigne zivil und gesittet; mit sich allein ist er anders. Sitten, Gebräuche, Gesetze, Religionen sind verschwunden. Ich bin allein, ich muß sterben. Ich bin hier nicht zu Haus, ich bin auf der Reise, woher und wohin, das weiß ich nicht. Was habe ich, was bleibt mir? ich selbst.«[9]

Als Auerbach diese Zeilen 1932 schrieb, mochte er als deutscher Professor glauben, nach den Erfahrungen des Weltkrieges und den unsicheren Jahren des beruflichen Werdegangs, endlich im akademischen Leben einen geschützten Freiraum für seine eigene Nachdenklichkeit gefunden zu haben. So strahlen seine Überlegungen eine gewisse Behaglichkeit aus, gleichwohl geprägt von existentiellen Zügen, die im »Dasein« Montaignes als Verknüpfung vom Angenehmen mit dem Ernsten erscheinen: »Montaigne ist einem Genießer zu vergleichen, der weiß, daß ihm nur kurze Zeit des Genusses zusteht; mit doppelter Inbrunst, mit dem Organisationstalent, das die Not allein verleiht, nutzt und kostet er die Zeit des Daseins. [...] Er fühlt sich leben, er wird seiner selbst inne, er durchtränkt sich mit dem eigenen Dasein. Die stets unmittelbare Gefahr des eigenen Todes gibt ihm einen herrlichen Zusammenhang, sie schweißt ihn zusammen, macht ihn heimisch in sich. Sie verhindert die Zerstreuung seiner

Kräfte, sie aktualisiert ständig sein Persönlichstes. Was Montaigne ist, das ist er angesichts des Todes. […] Die *Essais* sind nur ein Symptom seines Daseins.«[10]

III.

Allerdings hätte sich Auerbach kaum träumen lassen, dass nur wenige Jahre später diese Form des freien Nachdenkens, die er im Kreis seiner Schüler und Freunde an der Universität Marburg pflegte, im Zuge der politischen Umbrüche eine ferne Erinnerung werden würde. Musste Montaigne den Zeitläuften begrenzt Tribut zollen, so ist der Preis sehr hoch, den Auerbach nach den Nürnberger Gesetzen an die historische Entwicklung zu entrichten hatte. Die stufenweise Ausgrenzung will er jedoch lange nicht wahrhaben und beginnt deshalb erst spät, sich nach einem neuen Refugium im Exil umzuschauen. Tatsächlich bietet sich Ende 1936 Istanbul an. Dort wird sein Hauptwerk *Mimesis* zum »Symptom seines Daseins«. Die tödliche Bedrohung durch den Nationalsozialismus prägt das Schreiben, aber auch die Erleichterung, die Auerbach seit Ende 1942 empfinden konnte, als die Gefahr abgewendet war, die Deutschen könnten noch an den Bosporus gelangen. Schon in »Der Schriftsteller Montaigne« klang die Realität der christlichen Passion und Todesnähe an, auch wenn Auerbach noch eine deutliche Trennlinie zog: »Er hat noch so viel vom Christentum, daß er sich der *condition de l'homme* immer erinnert. Er taucht voll Wollust tief in den Gedanken des Todes. Aber er zittert nicht, und er hofft auch nicht. Er treibt sein Pferd an den Abgrund, bis es nicht mehr scheut […]. So steht er einzig, für sich, bei sich, mitten in der Welt, und ganz allein.«[11]

Der Abgrund, der sich über die eigene Sterblichkeit hinaus während der Exiljahre für Auerbach neu geöffnet hatte, wird in *Mimesis* nur indirekt genannt. Aber im Oktober

1938 gesteht der Brief an einen Istanbuler Assistenten, der Orientierung bei Auerbach sucht, die tiefe Ratlosigkeit des Lehrers ob der geschichtlichen Realität zu: »Ich bin ein Lehrer, der nicht konkret weiss, was er lehren soll. [...] All die, die heut noch dem Recht und der Wahrheit dienen wollen, sind nur im Negativen einig – im Aktiven und Positiven sind sie schwach und zersplittert.«[12] In dieser Zeit nimmt Auerbach die religiöse Figur der Passion ideengeschichtlich in den Blick. Die jüdisch-christliche Literatur wird einige Jahre später einen erheblichen Teil der Zusammenschau der abendländischen Literatur einnehmen, beginnend bei dem berühmten Eingangskapitel, das das Alte Testament gegenüber den homerischen Epen als die eigentlich tiefgründige Weltliteratur der abendländischen Frühzeit hervorhebt. Und der römischen Antike ergeht es anschließend im Vergleich mit dem Kirchenvater Augustinus kaum anders, preist Auerbach doch dessen *Bekenntnisse* als herausragendes Werk, das im Namen Christi alle Selbstgefälligkeiten der guten Gesellschaft hinterfrage und in der Botschaft Jesu einen Neuanfang im Untergang des Imperium Romanum entdeckt habe.

Und so wundert es nicht, dass in *Mimesis* nach langen Kapiteln, die der mittelalterlichen Literatur und Dante gelten, Auerbach in jenem zu Montaigne in ganz anderer Dringlichkeit den Anschluss an das frühe Christentum des Augustinus sucht. Die starke Parallele zur christlichen Selbsterforschung, auf die Montaigne leider nicht hingewiesen habe, wird nun in »L'Humaine Condition« ausdrücklich gemacht: »Besitzen wir wirklich kein einziges Werk ähnlicher Art aus älterer Zeit? Mir fällt der Name Augustinus ein. Montaigne erwähnt die Bekenntnisse nirgends [...]. Aber es ist ausgeschlossen, daß er sie nicht wenigstens über die Existenz dieses berühmten Buches unterrichtet war. Vielleicht hatte er eine gewisse Scheu vor diesem Vergleich, und vielleicht ist es eine ganz echte und unironische Bescheidenheit, die ihn davor zurückhält, sich und seine Methode mit dem bedeutendsten der Kirchenväter in Beziehung zu setzen. […]. und doch findet sich von keinem anderen früheren Autor etwas so Grundsätzliches in Montaignes Methode enthalten wie die konsequente und rückhaltlose Selbsterforschung Augustins.«[13]

Ohne Frage liest Auerbach mit den Erfahrungen des Exils Montaigne nun anders. Der hermeneutische Akzent, das biographische Vorurteil des Verstehens hat sich verschoben. Die Leidensgeschichte Christi, die in den Figuren der alttestamentlichen Passion vorgezeichnet war, ist seit den Studien »Figura« (1938) und »Passio als Leidenschaft« (1941) zum religionsgeschichtlichen Schlüssel im Verständnis des geschichtlichen Lebens geworden. Die einstige Sichtweise behält ihr Recht, aber der Kulturphilosoph sieht Montaigne nicht nur als zeitlosen Repräsentanten einer beeindruckenden Lebensart innerer Unabhängigkeit. Vielmehr resümiert Auerbach die Rolle Montaignes als geistesgeschichtlicher Übergangsfigur, die antike und christliche Elemente aufgreift, sich aber die moderne Renaissance des Passionsgedankens in ganzer Umfänglichkeit noch nicht zu eigen mache: »Bei ihm zum ersten Mal wird das Leben des Menschen, das beliebige eigene Leben als Ganzes, im modernen Sinne problematisch. Mehr darf man nicht sagen; seine Ironie, seine Abneigung gegen große Worte, sein ruhiges und tiefes Behagen mit sich selbst verhindern ihn, über das Problematische hinaus und bis zum Tragischen vorzudringen. […] Man hat oft gesagt, das christliche Mittelalter kenne keine Tragik; genauer wäre wohl so zu formulieren, daß im Mittelalter alle Tragik in der Tragödie Christi beschlossen ist. […] Wir sagten schon, daß in Montaignes Werk Tragik noch nicht anzutreffen ist; er weist sie von sich; er ist zu unpathetisch, zu ironisch, ja zu bequem, wenn man dieses Wort in einem würdigen Sinne nimmt; er faßt sich selbst, trotz allen Eindringens in die eigene Ungesichertheit, zu ruhig. Ob das eine Schwäche ist oder eine Kraft, will ich nicht zu entscheiden versuchen; jedenfalls verhindert dies eigentümliche Gleichgewicht seines Wesens, daß das Tragische, dessen Möglichkeit in seinem Bild des Menschen gegeben ist, schon bei ihm selbst zum Ausdruck kommt.«[14]

IV.

Der Essay »Der Schriftsteller Montaigne« zeigt ein weiteres Moment an, das zum Selbstverständnis Auerbachs gehört. Es ist sein schon früh ausgebildetes Interesse, über das fachliche Publikum hinaus eine Leserschaft zu gewinnen. Bereits mit der Habilitationsschrift *Dante als Dichter der irdischen Welt* erreichte Auerbach aufgrund seines stilistischen Vermögens auch eine literarische Öffentlichkeit. Allerdings beschränkte sich seine Intention, beeinflusst vom Zirkel um Stefan George, auf eine kleine Elite. Bis in die Niederschrift seines ersten Buches hatte Auerbach nicht selten Zuflucht in dem Gedanken gefunden, mit dem exilierten Dante über die Zeiten hinweg die Wenigen anzusprechen, die zur »geistigen Aristokratie« gehören, einem Begriff, den Max Weber im vertrauten Heidelberg Stefan Georges geprägt hatte. Als Auerbach 1921 dessen Dante-Übertragungen besprach, sah er in George die »reinste und größte Gestalt in der deutschen Gegenwart«, der alleine als »Dichter in dieser Zeit« beanspruchen durfte, in Dante »sein Ebenbild und Vorbild« zu sehen.[15]

Auch wenn Auerbach von dieser glorifizierenden Sichtweise bald Abstand nahm, blieb zumindest der esoterische Anspruch, mit dem eigenen Dante-Buch lediglich eine privilegierte Minderheit anzusprechen. Der italienische Dichter des späten Mittelalters galt Auerbach entsprechend als besondere Übergangsfigur, welche die traditionellen Wahrheiten in den einzelnen Gestalten der *Göttlichen Komödie* verdichtete. Diese konnten als historische Vorbilder

der sinnbedürftigen Leserschaft helfen, selbst als Einzelne aus der Masse der Menschen herauszutreten. Für ein solch exklusives Publikum schrieb er am Ausgang von *Dante als Dichter der irdischen Welt* über die säkularisierende Kraft dieses ursprünglichen Kompendiums des spätmittelalterlichen Christentums: »Mythische und religiöse Gegenstände behaupteten ihr Recht; sie wurden reicher und tiefer gestaltet als vordem. Denn sie wurden in dem gedachten Sinn historisiert; die emblematische Starrheit der überlieferten Fabel schmolz, und aus der Schicksalsfülle, die sich bis dahin meist unter dem dogmatischen und spiritualistischen Symbol verborgen hatte, durfte der Bildner nach seiner Vorstellung von dem der Gestalt zugehörigen Geschick jene Momente des empirisch gelebten Lebens auswählen, die ihm die vollkommenste Evidenz und Wesenstreue zu bieten schienen.«[16]

Die schwierig zu dechiffrierende Bedeutungsfülle dieser Sätze, die sich nur einer geübten Leser- und Kennerschaft erschließt, gab Auerbach zwei Jahre später in »Der Schriftsteller Montaigne« auf. Der Autor der *Essais* erschien als eindrückliche Gestalt der Geistesgeschichte, die sich aber aus dem eschatologischen Rahmen des Jüngsten Gerichtes gelöst hatte, der für das Verständnis einer kleiner Schar Auserwählter notwendig gewesen war. Die Ewigkeit wurde nun nicht mehr in das vorläufige Leben ausgesuchter Menschen geholt, der hehre Gedanke der Providenz hatte sich in die bescheidenere Figur des Provisorischen verwandelt. Montaigne sprach entspannter und offener, nicht schicksalsgläubig, aber immer noch als Mensch, der für alle stehen wollte, die unabhängig von geistiger und geistlicher Qualifizierung als Menschen für sich beanspruchten, eine gewisse Nachdenklichkeit zu leben. Der aller Spezialisierung abholde Selbstdenker schuf sich am privilegierten Rand der Gesellschaft ein neues, ein eigenes Publikum jenseits ständischer Grenzen: »Erst der Laie Montaigne schrieb über die wichtigsten Dinge laienhaft, und, obgleich er eigentlich für niemand schrieb, sondern zunächst nur für sich selbst, so bildete er doch eine Gemeinde von Laien, und es wurde sein Buch ein Laienbuch überhaupt. Er schrieb das erste Buch der laienhaften Selbstbesinnung.«[17]

Der Essay zeigte an, dass sich Auerbach selbst auf der Marburger Professur aus der Lage eines einsamen, um fachliche Anerkennung bemühten Gelehrten befreit hatte. Montaigne wird zum Beispiel des gelasseneren Anspruchs, über die Fachwelt hinaus eine weit gestreute Leserschaft zu suchen, die das eigene Leben jenseits vorgegebener Konventionen individuell verstehen will. Auerbach skizziert Montaignes Entwicklung zur geistigen Einfachheit: »Die Worte sind nackt und wahllos, wenigstens ohne jede Wahl nach ästhetischen Gesichtspunkten. [...] Und da er selbst sein Gegenstand ist, so erscheint er selbst vollkommen nackt [...]. Es steht ohne Pathos und ohne merkbare Kunst, mit Ruhe und einer gewissen Behaglichkeit dar, was Montaigne gewesen ist, gefühlt und gedacht hat. Es strahlt von Evidenz.«[18] Dass Auerbach für Montaigne das Phänomen herausstellte, dass die literarische Freiheit sich langsam über Jahre entwickelt habe, kann von heute aus als eine Einsicht gelesen werden, die sich für den Autor der *Mimesis* ebenfalls erfüllte, als er in Istanbul fern gelehrter Bibliotheken schrieb: »Aber so ist er erst allmählich geworden. Erst als er sich seiner Kräfte bewußt wurde, löst er sich los von dem einzelnen Text, den er gelesen hat, wird kühner und reicher im Ausdruck, spricht ausführlicher und rücksichtsloser von sich selbst.«[19]

Es ist charakteristisch, dass Auerbach kaum direkt spricht, sondern oft den Spiegel der interpretierten Literaten nutzt, um seinen eigenen Standpunkt anzudeuten. So drückt er auch im Blick auf Montaigne schon 1932 aus, welches Publikum er selbst ein Jahrzehnt später mit seinem Werk zu erreichen suchte: »Er schrieb für eine Gesamtheit, die es nicht zu geben schien, für die lebenden Menschen überhaupt, welche als Laien einige Bildung besitzen und sich über ihre Existenz Rechenschaft geben wollen; für die Gruppe, die man später etwa das gebildete Publikum nannte. Bis dahin gab es als Gesamtheit, wenn man von Beruf, Stand und Staat absah, nur die Christenheit. Montaigne wandte sich an eine neue Gesamtheit, und indem er sich an sie wandte, schuf er sie; an seinem Buch erwies sie zum erstenmal ihr Vorhandensein.«[20]

Erich Auerbach – Kulturphilosoph im Exil Eine Lebensskizze

> Wer kennt sich recht?
> G. E. Lessing

I.

Als Erich Auerbach im April 1929 an der Universität Marburg das »Gesuch zur Erteilung der venia legendi«. stellte, skizzierte der Autor von *Dante als Dichter der irdischen Welt* sein *Curriculum Vitae*: »Ich bin am 9. November 1892 in Berlin geboren, als Sohn des Kaufmanns Hermann Auerbach und seiner Frau Rosa, geb. Block. Nach Absolvierung des Französischen Gymnasiums (Herbst 1910) studierte ich Rechtswissenschaft in Berlin, Freiburg, München und Heidelberg; dieses Studium beendigte ich im Herbst 1913 durch die Promotion. Schon während meines Rechtsstudiums habe ich mich vorzugsweise mit Philosophie, Kunstgeschichte und den romanischen Literaturen beschäftigt und längere Auslandsreisen unternommen, im letzten Jahr vor dem Krieg trat ich zur Philosophischen Fakultät über und begann, bei Morf in Berlin romanische Philologie zu studieren. Bei Ausbruch des Krieges wurde ich Soldat und stand vom Dezember 1914 bis zum April 1918 im Felde, zuerst beim 2. Ulanenregiment, dann beim Infanterieregiment 466. Nach Wiederherstellung einer schweren Verwundung nahm ich Ende 1918 mein Philologiestudium wieder auf.«[1]

Welche Not und Spannung sich hinter diesen lakonisch knappen Sätzen des langjährigen Kriegsteilnehmers verbirgt, zeigt Auerbachs Tagebuch 1918/19, das jüngst in Auszügen veröffentlicht wurde. Diese geben Einblicke in die Zeit der Auflösung des Heeres, als die deutsche Niederlage offenkundig wurde und man nach der Abdankung des Kaisers auch in seinem Berliner Freundeskreis das Machtvakuum revolutionär zu nutzen suchte. Ganz anders Auerbach, dessen Regiment in vergeblichen Offensiven des Frühjahr 1918 fast gänzlich aufgerieben worden war. Er setzte als Kriegsversehrter nach der Katastrophe alle Hoffnung auf das Literaturstudium und schrieb am 21. November nah der Verzweiflung: »Die Franzosen kommen mit Weissbrot nach Strassburg. – Die Lage ist schrecklich. Wenn irgendein Leben noch zu führen ist, und irgend ein Ausweg – so sollen diese Zeilen mich erinnern. / Was auch geschieht; es ist bei der Sache zu bleiben.«[2] Zwei Tage zuvor hatte er seinen Unmut über die Vertreter der Räterepublik geäußert, denen seit dem 10. November im »Rat der Volksbeauftragten« die moderaten Sozialisten um Friedrich Ebert entgegenstanden. Während manche Freunde, wie Friedrich Burschell als Adjutant Kurt Eisners, im Lager der Revolutionäre standen, kommentierte Auerbach den Kampfaufruf der Berliner Arbeiterräte sarkastisch: »Welch entsetzliche Verwirrung. Ich fürchte es ist nichts zu tun. Man muss sie austoben lassen. [...] Alle wollen, und keiner weiss, was.«[3] Im Tagebuch finden sich regelrecht verächtliche Sätze über die linken Revolutionäre, geschrieben im Geiste von Thomas Manns *Betrachtungen eines Unpolitischen*. Sie wollen den politischen Enthusiasmus der Literaten ironisch desillusionieren: »›Der Mensch steht auf.‹ Ach Gott. Mit Sozialismus und dauernder Wählerei. – Sozialismus und Kapitalismus gehören zu einander (wie der Teufel zu seiner Grossmuter). Bei beiden dreht es sich um Essen Trinken Wohnen Anziehn; oder noch schlimmer: ums Aufdenkopfspucken können. / Alles sehr wichtig. Aber mich geht's nichts an.«[4]

Dagegen taucht Auerbach begeistert in die romanische Weltliteratur ein; sein Tagebuch erwähnt das *Rolandslied*, Chrétien de Trayes' *Yvain*, Dantes *Divina Comedia*, Boccaccio, Antoine de la Sale, Rabelais, Montaigne und Cervantes, alles Autoren, wie Ulrich von Bülow in seiner Erkundung hervorhob, die über zwei Jahrzehnte später ins Opus magnum *Mimesis. Dargestellte Wirklichkeit in der abendländischen Literatur* eingehen werden. Schon 1918 war ersichtlich, dass Auerbach kein Philologe im klassischen Sinne werden würde, sondern vielmehr schon in seinen Anfängen danach trachtete, die verborgene Wahrheit der Texte unter den gelehrten Verdeckungen zu finden: »In schmutzigen Büchern, in einer schwierigen Sprache, in labyrinthischen, nutzlos verzwickten Gedankengängen liegen die alten Verse, beschmiert von philologischer Kritik von oben bis unten; verzweifelt kramt man herum in alldem Zeug; und mit eins blitzt etwas auf und strahlt und alles wird hell«.[5]

In diesem Geiste wird Erich Auerbach nur wenige Jahre später dem deutschen Publikum das vergessene Werk eines neapolitanischen Juristen, Philologen und Philosophen freilegen, der im ausgehenden 17. Jahrhundert begonnen hatte, das Palimpsest des abendländischen Kulturlebens in seltener Originalität zu verstehen. Im *Curriculum Vitae* von 1929 heißt es: »Schon während meiner letzten Studienjahre habe ich mich, teils aus eigener Neigung, teils auf Anregung Troeltschs, viel mit der Philosophie Vicos beschäftigt. In den folgenden Jahren veröffentlichte ich eine deutsche Ausgabe der *Scienza Nuova*«.[6]

Der erste Schritt zur Übersetzung von *Die neue Wissenschaft über die gemeinschaftliche Natur der Völker* war die Staatsexamensarbeit, die Auerbach bis Ende Dezember 1921 bei dem Kulturphilosophen Ernst Troeltsch schrieb, dessen Ursprünge in der protestantischen Theologie lagen. *Vicos Auseinandersetzung mit Descartes*, im Dezember 1921 eingereicht, trägt expressionistische Züge der Zeit, wenn Auerbach einleitend die Figur des Gelehrten umreißt: »Vico ist eine dramatische Gestalt: ein subalterner Professor im spanischen Neapel, voll Schüchternheit und Bedrängnis, im Kampf mit seiner ganzen Zeit; unverstanden selbst in der Tatsache seiner prinzipiellen Gegnerschaft (und dies war sein Glück); glühend, überfliessend, mit der ganzen Wucht prophetischer Einsamkeit«.[7] Diese erste kulturwissenschaftliche Arbeit hat Auerbach nie veröffentlicht. Er hob aber das Typoskript auf, das lange als verschollen galt und sich erst in den Resten seiner Bibliothek fand, die sechs Jahrzehnte nach seinem Tod aus den Vereinigten Staaten nach Deutschland ins Deutsche Literaturarchiv in Marbach gelangt war.[8]

Bis dahin war das einzig bekannte Zeugnis seiner frühen Bemühung der Essay »Giambattista Vico«, den er als Auszug der Vico-Studie 1922 in der Zeitschrift *Der neue Merkur* hatte erscheinen lassen. Es war die stark eingekürzte Fassung seiner Berliner Arbeit. Dem Herausgeber schrieb er mit dem auch später charakteristischen Verlangen nach einer größeren Leserschaft: »Troeltsch will übrigens aus meiner ursprünglich für ihn geschriebenen grossen Arbeit eine wissenschaftliche Publikation machen; aber ich habe genug davon und will lieber vor ein allgemeines Publikum.«[9] Angesichts der Erfahrungen im Ersten Weltkrieg und der politisch ernüchternden Realitäten offenbart der Essay das Verlangen nach einer höheren Wahrheit, das als »metaphysisches Bedürfnis«, um mit Kant zu sprechen, untergründig auch alle späteren Arbeiten Auerbachs prägen wird: »Über dem allen aber ist die Sehnsucht geblieben uns eingereiht zu fühlen in einen erhabenen Plan, um dessentwillen das Böse gut, das Klägliche rein, das Entsetzliche groß ist; über Blut und Hunger, über Geschwätz und Verwirrung, über Leben und Tod hinaus einen ewigen Weg der Vorsehung zu finden, damit wir gefaßt ertragen können, was uns geschieht.«[10]

Als Auerbach im Jahr 1929 mit der Habilitation den entscheidenden Schritt zur bald erfolgten Berufung auf die Marburger Professur gemacht hatte, war kaum zu ahnen, dass nur wenige Jahre später eine ganz andere Katastrophe seine persönliche und berufliche Existenz erneut und anders bedrohen sollte. Es dauerte nach 1933 nur drei Jahre, bis der Weltkriegsteilnehmer als Deutscher jüdischer Herkunft ins Exil gedrängt wurde. Mit Glück gelangte Auerbach auf eine Professur an der Universität Istanbul, an der die jüdischen Gelehrten aus Deutschland willkommen waren, um die jungen Türken in die westliche Zivilisation einzuführen. Auerbach konnte die Exil-Jahre am Bosporus nutzen, um seiner 1918/19 neu entfachten Liebe zur romanischen Literatur einen großartigen Ausdruck zu verleihen: Im Jahr 1946 erschien *Mimesis. Dargestellte Wirklichkeit in der abendländischen Literatur*. Das Nachwort unterstreicht die prekären Bedingungen, unter denen der literaturhistorische Klassiker »während des Krieges in Istanbul« entstanden war: »Hier gibt es keine für europäische Studien gut ausgestattete Bibliothek; die internationalen Verbindungen stockten; so daß ich auf fast alle Zeitschriften, auf die meisten neueren Untersuchungen, ja zuweilen selbst auf eine zuverlässige kritische Ausgabe meiner Texte verzichten mußte.«[11] Victor Klemperer, der zu den frühen Lesern des Buches gehört, revidiert unter dem Titel »Philologie im Exil« schon 1948 die Legende des Buches:[12] »Nicht das Abgetrenntsein von dem Übermaß der Bücher ist es, was entscheidend auf die Arbeit eingewirkt hat, sondern was bestimmend mitformt, ist buchstäblich das Exil selber, der Grund der Verbannung, das gesamte furchtbare Leben der Gegenwart.«[13]

Wie auch immer man das Fehlen einer »ordentlichen Universitätsbibliothek« und den Einfluss des Exils auf Auerbach beurteilt, dass die Lebensumstände für das Werk eine nicht zu leugnende Bedeutung besitzen, hielt er noch in seinem Vermächtnis fest, der großen Studie *Literatursprache und Publikum in der lateinischen Spätantike und im Mittelalter*, die seines Erachtens fragmentarischer als *Mimesis* geraten sei und dessen gedankliche Einheit vermissen lasse: »Die einfache Tatsache, daß das Werk eines Menschen ein Ding ist, das aus seinem Dasein entspringt, daß darum alles, was man über ihn und sein Leben in Erfahrung bringen kann, das Werk interpretiert, wird nicht entkräftet, weil Menschen ohne zureichende Erfahrung daraus alberne Schlüsse gezogen haben.«[14] Die Skizze seiner intellektuellen Biographie versucht, dieser Gefahr zu begegnen, indem sie Erich Auerbach als einen Kulturphilosophen vorstellt, den man ohne die Erfahrungen, die er während des Ersten Weltkrieges und der zwei Jahrzehnte des Exils machte, sowohl biographisch wie intellektuell nicht zureichend verstehen kann.

II.

Als ein Jahrzehnt nach Auerbachs Tod 1967 die *Gesammelten Aufsätze zur romanischen Philologie* erscheinen, bleiben in der Einleitung die Jahre des türkischen wie amerikanischen Exils hinter vagen wie exotischen Andeutungen verborgen: »In dem späten Aufsatz Philologie der Weltliteratur merkt man, wie eine Reihenfolge neuer Eindrücke ihn aus dem europäischen Kreis, in dem er sich bisher bewegt hatte, in neue und unbekannte Weiten zu locken schien.«[15] Erst zuletzt lässt Fritz Schalk als verantwortlicher Herausgeber die Leserschaft seiner Einleitung nur ahnen, welche Bedeutung die dramatische Zeitgeschichte für Auerbach hat, wenn er von der »stets fühlbaren Wechselwirkung des Interpreten zum geistigen und politischen Leben der Zeit« spricht.[16] Gerade in den Aufsätzen, die Auerbach im türkischen Exil zwischen 1938 und 1947 für ein allgemeineres Publikum schrieb, rückt die politische Lage Europas zwischen Diktatur und Krieg immer wieder in den Blick.[17]
Das deutliche Verschleiern des Exils, das von heute aus verblüfft, entsprach der damaligen Regel im deutschen Wissenschaftsbetrieb. Die Diskussionen, die in Frankfurt vor allem von den zurückgekehrten Vertretern der Kritischen Theorie angestoßen wurden, bildeten die Ausnahme. Erst im Zuge der 1968er Jahre wurde die Frage nach der deutschen Vergangenheit wieder von Jüngeren gestellt. Dies ging nicht selten

mit einem moralischen Rigorismus einher, der das Schweigen der Väter als Ausdruck der überkommenen bürgerlichen Welt ansah. Fachhistorisch bedeutsam ist besonders die harsche Kritik, die Michael Nerlich als Schüler von Fritz Schalk in der Studie *Romanistik und Anti-Kommunismus* übte, zumal sie 1972 zu einer ersten Stellungnahme des Romanistenverbandes führte.[18] Nach diesem Aufflammen der Empörung dauerte es noch fast zwei Jahrzehnte, bis vor allem Frank-Rutger Hausmann die fachhistorische Forschung eröffnete und maßgeblich vorantrieb und Erich Auerbach als Romanist im Exil erstmals genauer von Hans-Jörg Neuschäfer und Arnulf Stefenelli gewürdigt wurde.[19] Wie schwer der halbwegs gerechte Blick auf das Verhalten unter den Bedingungen der Diktatur sein kann, hatte Auerbach in *Mimesis* angedeutet: »Wer etwa das Verhalten der einzelnen Menschen und Menschengruppen beim Aufkommen des Nationalsozialismus in Deutschland, oder das Verhalten der einzelnen Völker und Staaten vor und während des gegenwärtigen (1942) Krieges erwägt, der wird fühlen, wie schwer darstellbar geschichtliche Gegenstände überhaupt, und wie unbrauchbar sie für die Sage sind; das Geschichtliche enthält eine Fülle widersprechender Motive in jedem Einzelnen, ein Schwanken und zweideutiges Tasten bei den Gruppen.«[20] Der Exilierte wusste, wovon er sprach, hatte er sich doch als Weltkriegsteilnehmer, der von den Vertreibungen aus dem Amt 1933 vorerst nicht betroffen war, vorsichtig verhalten. Er folgte der Einstellung Montaignes, die er zuvor prägnant beschrieben hatte: »Er, Montaigne, hält still und fügt sich dem Bestehenden, aus Vernunft und loyaler Gesinnung. [...] Er sucht kein Martyrium, und er würde einem vermeidbaren Übel mit allen Mitteln zu entgehen suchen.«[21]

Seinem Vorgänger Leo Spitzer, der schon 1933 in Köln entlassen worden war, missfiel diese Haltung. Er schrieb an den später ebenfalls exilierten Philosophen Karl Löwith in Marburg: »Auerbach hat in den Tagen des Anfanges der

Judenhetze sich so von diesem Leid zu distanzieren, ja sogar persönlich zu jubilieren gewußt [...], daß ich, nun er einsehen gelernt hat, daß er mit uns allen anderen auf einer Galeere sitzt, schwerlich zu ihm finden kann.«[22] Spitzer ließ die selbstkritische Frage, ob er selbst, würde er noch zu den »Arrivierten« zählen, zu »Märtyrertaten« der Solidarität fähig gewesen wäre, nicht für Auerbach gelten.[23] Im moralistischen Gestus sprach er 1938 in der Schweizer Zeitschrift *Mass und Wert* auch ein deutliches Verdikt über die heuchlerischen Herausgeber der romanistischen Zeitschriften aus, die indirekt den Arierparagraphen anwandten, ohne dies kenntlich werden zu lassen.[24] Dass Fritz Schalk dieser Vorwurf moralisch treffen musste und sein merkliches Ressentiment gegen »Emigranten« befördert haben dürfte, beschreibt Hausmann eindrücklich vor allem entlang der Briefe an Hugo Friedrich.[25]

Nach Kriegsende gehörte der an der amerikanischen Johns Hopkins University lehrende Spitzer auch zu jenen Exilanten, die ihr moralistisches Wort in die Waagschale warfen, so in der Heidelberger Zeitschrift *Die Wandlung*, die unter anderem Karl Jaspers, der Autor von *Die Schuldfrage*, mit herausgab. Auerbach dachte anders, wie ein Brief an den Marburger Schüler Martin Hellweg eindrücklich zeigt: »Bürgerlichkeit ist ja nicht nur eine politische Haltung, sondern ein menschliches Bedürfnis, und auch die aus revolutionären Ereignissen hervorgegangene Gesellschaft strebt schleunigst nach einem Alltag mit Sicherheit und gewohnter Ordnung. Nach drei Jahrzehnten so ungeheuerlicher Experimente, nach diesem Ende, und in dem gegenwärtigen Zustand können die Deutschen nichts anders sein als schrecklich müde und ruhebedürftig, ohne dass ihnen noch vorläufig Aussicht auf Ruhe geboten wird.«[26]

Erich Auerbach war jede Form eines geschichtlichen Moralismus fremd, der auf direkt evozierte Schuldgefühle setzte. So verhüllte er in den Werken meist alle direkten Bezüge auf die Zeitgeschichte und das Exil, um dem Publikum die Möglichkeit zu lassen, selbst die umschreibenden Bemerkungen für sich zu ergänzen. Auch wollte er als Autor keineswegs auf die Perspektive des Exils begrenzt werden, dem man nur deshalb Aufmerksamkeit schenkt. Schon im ersten Kapitel von *Mimesis* unterstrich Auerbach im Spiegel des Alten Testaments, wie hintergründig und vieldeutig menschliche Geschichte ist. In der späten Reflexion *Über Absicht und Methode* distanzierte er sich bei aller Sympathie auch vom marxistischen Versuch, »die neuere Geschichte im ganzen gesetzlich zu erfassen«, und fügte grundsätzlich hinzu: »Es gibt andere moderne Versuche, die Geschichte durch bestimmte, außergeschichtliche, moralistische und psychologische Motive zu verstehen; sie können interessant sein, wenn sie von geistvollen und konkret unterrichteten Personen stammen. Aber sie sind doch wohl etwas willkürlich; man könnte sehr viele solcher Motivgruppen finden, die alle mit einigem guten Willen anwendbar, und alle nicht zwingend sind.«[27]

III.

Es war nicht zuletzt diese noble Haltung, um der Komplexität der Wirklichkeit willen nicht rasche Urteile fällen zu wollen, die Fritz Schalk beeindruckte. Die erhaltenen Briefe, die er zwischen 1932 und 1957 von Auerbach vor allem als Herausgeber der *Romanischen Forschungen* erhielt, zeugen davon. Man mag sich an diese erinnert fühlen, wenn man liest, was Schalk im Jahr 1948 an Hugo Friedrich schrieb: »Und wie wenige Emigranten sind wirklich frei, natürlich, bereit zum Verzicht auf die Märtyrerpose.«[28] Ein Gang durch die Edition und ihre reichhaltige Kommentierung soll veranschaulichen, wie Auerbach durch die Jahre des Exils kam und wie dieses sein Verhältnis zu Schalk als prominentem Vertreter der deutschen Romanistik untergründig prägte.

Gemeinsam war beiden die Welt der deutschen Bildung. Ihr verdankt der 1892 geborene Erich Auerbach als Sohn wohlhabender jüdischer Kaufleute seinen eigenen Aufstieg in einer Gesellschaft, in der Juden erst seit den Jahren der Weimarer Republik an einigen Universitäten Karriere machen konnten. Die glücklichen Marburger Jahre in Amt und Würden endeten bald. Der Philologe musste 1936 nach Istanbul ausweichen, wo *Mimesis* entstand. Schon im Herbst 1933 kann man in einem Brief an Schalk die bedrohliche Situation ahnen. Dieser hatte Auerbachs Schrift *Das französische Publikum des 17. Jahrhunderts*, die gerade noch mit der Fürsprache Karl Vosslers hatte erscheinen können, stellenweise sehr gelobt: »Und A. schreibt so schön, dass man glauben möchte, er könnte ein ›Publikum‹ finden.«[29] In der Resonanz verbirgt der politisch bedrängte Ordinarius nach außen souverän die eigene Ohnmacht hinter der Maske des fachlichen Selbstbewusstseins: »Dass ich eines finde wird wohl ein frommer Wunsch bleiben, ich werde wie manche bedeutenden Autoren mehr gelobt als gelesen.«[30]

Als Auerbach im Herbst 1935 aus dem Amt gedrängt wird, erfährt Schalk in lakonischen Zeilen von den vagen Hoffnungen, die bleiben: »Ob ich nach Istanbul gehe ist nicht entschieden. Ich muss es annehmen, wenn es mir angeboten wird, schon meines Jungen wegen. Es schien vor einigen Wochen gesichert. Nun ist letzthin die deutsche Kulturpolitik dort sehr aktiv geworden, natürlich in einem mir nicht günstigen Sinne, und alles ist wieder zweifelhaft.«[31] Auerbach hatte Aussicht, Teil der deutschen Gelehrtenkolonie am Bosporus zu werden. Die exilierten Professoren ersetzten die muslimischen Gelehrten, die nach der Neugründung der Universität ihre Ämter verloren hatten. Schon bald gab Auerbach auf dem Briefpapier der *Istanbul Universitesi* einen knappen Bericht: »Die angenehmste Enttäuschung ist für mich die hinterlassene Mitarbeitergarde Spitzers, lauter junge Deutsche, überaus nett. Auch Spitzer selbst war in den wenigen Tagen, die ich hier noch mit ihm zusammen war, sehr eindrucksvoll. C'est un grand cœur.«[32] Er hatte am Bosporus von Spitzer die Aufgabe übernommen, den jungen Türken die romanische Welt nahezubringen: »Natürlich ist es grotesk. Aber die Gesellschaft von deutschen Assistenten und einige Türken sind angenehm, und die Technik des Lebens nicht schwierig, wenn man sich etwas zu schicken vermag.«[33]

Und dies vermochte Erich Auerbach wie wenige. Er passte sich den Istanbuler Umständen an, die von ihm als bestalltem Professor Sprachunterricht und Lehrerausbildung mit Hilfe seiner Assistenten verlangten. Zugleich eroberte er sich den persönlichen Freiraum, um seine abendländische Literaturhistorie zu schreiben, die nicht umsonst vom christlichen Motiv der duldenden Passion geprägt ist. Auch bot die Erinnerung an Dante hervorragende Möglichkeiten, das Schicksal anzunehmen. Im Brief an den Mentor Vossler, den herausragenden Kenner und Übersetzer Dantes, schreibt Auerbach in Anspielung auf die *Komödie* vom salzig schmeckenden »Brot der Fremde« und dem »harten Steigen« auf ihren Treppen.[34] In Istanbul wurden auch die *Pensées* zum Anlass, um in den bedrängenden Umständen des Exils Abstand zur Zeit und ihrem zutiefst korrupten Charakter zu finden. Es ging Auerbach mit Pascal um die »Entlarvung des irdischen Rechts als eines bloß gesetzten und bösen«: »Weder Vernunft noch Gerechtigkeit herrschen, sondern Zufall und Gewalt.«[35]

Zugleich gab Auerbach in den prekären Zeitläuften brieflich feinfühlig Ratschläge, die seine eigene Situation in den Hintergrund treten ließen.[36] Schon im Mai 1936 hatte er aus Genf verständnisvoll reagiert, als Schalk ihm ein Pamphlet nationalsozialistischer Studenten sandte, um seine fatale Lage in Rostock anzuzeigen: »Die ernste Nachahmung des Alltäglichen werde ich anderweitig unterzubringen versuchen, und schreibe Ihnen noch darüber; es lohnt nicht, dass Sie deswegen Ihre schwierige Lage noch schwieriger machen.« Im Geist des französischen Moralismus, der Schalk so teuer war, erinnerte Auerbach den Jüngeren an die Furchtlosigkeit als Haltung, die gerade heute in der Verzweiflung entscheidend sei: »Früher kam es nicht so sehr darauf an. Aber jetzt: Intrépide dans le désespoir sagt Vauvenargues.«[37] Als der Plan der Publikation endgültig scheiterte, reagierte er mit großem Verständnis: »Welch eine Vorstellung, ich könnte verstimmt sein! Ich weiss doch wie die Dinge liegen.«[38]

In der ersten Istanbuler Zeit spendete Auerbach mit der Erinnerung an die große Tradition der deutschen Universität Schalk regelrecht Trost. Als ihm beim »Büchereinräumen« Ende Januar 1937 ein Band der *Preussischen Jahrbücher* in die Hände fällt, weist er den Jüngeren begeistert auf einen pathetischen Passus des Historikers Hans Delbrück hin: »Das Ansehen des deutschen Professorentums beruht nicht auf Menge, die aus durchschnittlichen Menschen besteht, wie andere Berufsstände auch, sondern darauf, daß von Luther und Melanchthon an bis zu Kant, Hegel, Schleiermacher, Grimm, Savigny, Ranke, Mommsen, Treitschke, Gauß, Liebig, Virchow, Helmholtz, Stern an Stern sich in diesem Stande gereiht hat.«[39] Die enthusiastische Erinnerung an die deutsche Bildungwelt spiegelt sich auch in dem melancholisch gefärbten Halbsatz, mit dem Auerbach im Frühsommer des Jahres 1937 bedauert, dass der jüngere Romanist Herbert Dieckmann Istanbul verlassen wird: »sonst ist nicht sehr viel aus unserer Welt hier«.[40] Wenige Wochen später bricht er für lange Zeit zur letzten Reise in die verlorene Welt auf.[41] Dann erliegt der Briefverkehr mit Schalk den Zeitumständen.

Erst Ende 1946 setzen die Briefe wieder ein, als Schalk unter den gewandelten Bedingungen die Initiative ergreift, um Auerbach als Autor zu gewinnen. Aus Istanbul heißt es im Januar 1947: »Vielen Dank für Ihre Nachricht. Ich habe mich sehr gefreut von Ihnen selbst zu hören, dass Sie wohlauf sind, und freue mich auch sehr über das Wiedererscheinen der Romanischen Forschungen.« Kaum ein Wort fällt über das persönliche Ergehen jenseits der Rechtfertigung, dass für gelehrte Arbeiten die Bücher gefehlt hätten: »Uns ist es die ganzen Jahre vergleichsweise sehr gut gegangen, ich habe ungestört arbeiten können und nur unter dem Mangel einer für meine Zwecke brauchbaren Universitätsbibliothek gelitten.« Kurz erwähnt Auerbach den entscheidenden Ertrag der vergangenen Jahre, ein »recht dickes Buch, Mimesis«. Wie wichtig es ihm allerdings ist, zeigt die sorgenvolle Frage, ob es denn schon in den Händen von Ernst Robert Curtius sei.[42]

Das türkische Exil endet einige Monate später mit dem stolzen Hinweis auf den wagemutigen Wechsel in die Vereinigten Staaten: »Bitte verzeihen Sie mein langes Schweigen, ich war in jeder Weise sehr beschäftigt. Die Umstände haben mich veranlasst nun doch noch nach USA zu gehen – reichlich spät, ohne Stellung, mit sehr wenig Geld. Aber wenn ich wenigstens eine Chance haben will meine Arbeitspläne zu Ende zu führen, so liegt sie, wie die Welt jetzt aussieht, nur dort.«[43] Der Traum wird wahr. Kaum zwei Jahre später kann Auerbach am 26. April 1949 verkünden: »Ich bin, zu meiner grossen Freude, ab September für ein Jahr an das Institut for Advanced Study in Princeton eingeladen worden, was erstens ein Jahr völlige Freiheit von Lehrverpflichtung und eine sehr angenehme Umgebung bedeutet, zweitens eine große Ehre ist, besonders für jemand der eben erst hier angekommen ist.«[44] Ungewöhnlich ausführlich schildert er später die privilegierte Gelehrtenrepublik, auf die sich der Geist des Landes wohltuend auswirke: »Das Institute ist eine Insel der Seligen, für unsereinen, selbst in diesem Lande etwas Einzigartiges. Die Mischung von Arbeitsmöglichkeit und einer vollkommen zwanglosen Art von Geselligkeit, die Art und Zusammensetzung der Gesellschaft, alles das ist bezaubernd – wobei gerade so viel Amerikanisches einfliesst, dass niemand auf die Dauer prätentiös und bonzig auftreten kann. In dieser Hinsicht ist Amerika überhaupt viel besser als Europa; aber dieser Ort ist ungeheuer international.« Unter den von Erwin Panofsky geführten Geisteswissenschaftlern fehlt – wenigstens zeitweise – auch nicht Ernst Robert Curtius, der auf der Reise zum großen Goethe-Centenarium in Aspen länger in Princeton Station macht: »ERC wohnt schräg gegenüber von uns, in einem anderen der cottages, in denen Gäste untergebracht werden. Wir sind ziemlich viel mit beiden zusammen, was mir viel Freude macht.«[45]

Umso bitterer ist es für Auerbach, als nach seiner Kritik an Curtius' Opus magnum *Lateinisches Mittelalter und Europäische Literatur* ihr Gespräch abreißt: »Meine Beziehungen zu ERC haben seit der in der RF erschienenen Rez. aufgehört; er muss sie mir wohl übelgenommen haben. Falls Sie etwas darüber wissen, so schreiben Sie es mir bitte. Mir täte es leid, denn ich mag ihn gut leiden, trotz seiner Launen.«[46] Die *Romanischen Forschungen* werden zum Kampfplatz der Dioskuren der deutschen Romanistik. Im Herbst 1952 erscheint Curtius' polemische Antwort auf *Mimesis*, von der Auerbach sagt, sie sei »schludrig gearbeitet und absolut undurchdacht« und verleite nicht zur »appeasement-Politik«.[47] So rechtfertigt er sich in den *Epilegomena zu Mimesis* mit scharfen Worten, zuletzt unsicher, ob diese angesichts der Krankheit von Curtius, von der er gehört hatte, noch gemäß seien: »Es widerstrebt mir einen Mann anzugreifen, der nicht mehr richtig antworten kann. Bitte um Auskunft sobald als möglich, damit ich wenigstens noch Zeit habe einige scharfe Sätze zu streichen oder zu mildern.«[48] Der Bruch mit Curtius wird bis zu dessen Tod im Frühjahr 1956 nicht verheilen.

Dagegen kommt es zur Annäherung mit Schalk, den der Exilant während der ersten Deutschlandreise 1952 auch persönlich kennenlernt. Ein wenig zu überschwenglich für seine Verhältnisse[49] dankt Auerbach nach seinem Vortrag im Gästebuch des Kölner Seminars mit dessen Namenspatron Petrarca: »Ich darf mich glücklich preisen, dass ich so alt habe werden dürfen (dies wunderbare Ereignis zu erleben).«[50] Auch die Deutschlandreisen in den Jahren 1954 und 1957 sind mit Abstechern nach Köln und Bonn verbunden, wo es erneut zu Vorträgen bei Schalk kommt. Nachdem Auerbach aufgrund einer Krankheit erschöpft und früher als geplant im August 1957 in die Vereinigten Staaten zurückgekehrt ist, sendet er Schalk ein letztes Zeichen: »Von dem Missgeschick, das mich verhinderte nach Paris zu kommen, haben Sie inzwischen wohl gehört. Es geht mir nun schon ganz ordentlich (obwohl die Überfahrt sehr unbequem war) und ich hoffe bis zum Beginn des neuen terms wieder ganz aktionsfähig zu sein.«[51] Knapp zwei Monate später verstirbt er am 13. Oktober 1957. Auerbach wird in Wallingford, nahe der Yale University, begraben.

Den Nachruf in den *Romanischen Forschungen* eröffnet Schalk – ungenau und verschleiernd – mit den Sätzen: »Im November 1957 ist Erich Auerbach von uns gegangen, so plötzlich und unerwartet, daß man leicht zu der Zeit nicht zurückfindet, da er noch in unserer Mitte weilte. Und je lebendiger die Erinnerung an seinen Vortrag, an das Gespräch mit ihm auflebt, umso schmerzlicher lastet auf den Zurückgebliebenen das Gefühl eines unersetzlichen Verlustes.«[52] So schön die Worte klingen, die den frischen Eindruck des sommerlichen Besuches erinnern, so falsch ist der vertrauliche Ton doch angesichts der Geschichte. Zu sehr bleibt in diesem Gedächtnis verborgen, dass Auerbach nur als Gast in der Mitte der Fachgenossen »weilte«, aus deren »Mitte« er unter dem Druck der politischen Verhältnisse schon zwei Jahrzehnte zuvor gedrängt worden war.

Allein das kleiner gesetzte Curriculum Vitae lässt am Ende des Nachrufs stichwortartig das Leben im Exil ahnen, das Auerbach *Mimesis* ermöglicht und sogar den amerikanischen Erfolg beschert hatte. Vor diesem Hintergrund kann er in *Philologie der Weltliteratur* die religiöse Idee des »exilium« aufgreifen, das als Privileg und Prüfung helfen könne, zu einer Haltung innerer Unabhängigkeit von den Zeitläuften zu gelangen. So schließt er den Essay mit Worten des mittelalterlichen Pädagogen Hugo von St. Viktor: »Wem sein Heimatland lieb ist, der ist noch zu verwöhnt; wem jedes Land Heimat ist, der ist schon stark; wem aber die ganze Welt Fremde ist, der ist vollkommen.«[53] Schalk überliest diese Schlusspointe. Seine Einleitung zu den *Gesammelten Aufsätzen* bezieht sich allein auf den vorletzten Gedanken des Essays, den Appell, eine übernationale Philologie zu suchen: »Die Erde, nicht mehr die Nation schien ihm die ›philologische Heimat‹ zu werden.«[54] In dieser Lesart erscheint Auerbach als Philologie, der zugunsten einer kosmopolitischen Position den eigenen Ursprung verblassen lässt.

Man kann vermuten: Schalks Blick ist nicht frei von Ressentiments, die nach 1945 gerade auch in den Geisteswissenschaften fühlbar wurden. Plötzlich traten manche der einstmals ohnmächtigen Exilanten als internationale Größen auf und konnten – wie Panofsky, Auerbach oder Spitzer – es ablehnen, auf deutsche Lehrstühle zurückzukehren. Man vergaß in der Heimat diese unverhoffte Demütigung nicht, die zur politischen nach 1945 kam, aber gleichwohl verleugnete man jene, die den Emigranten zuvor vom Staat zugefügt worden war. Auerbach hatte das Exil mit freiem Blick hingenommen, bevor ihn die amerikanischen Jahre mit dem Schicksal versöhnten. Sehr schön hat dieses Ethos der Marburger Theologe Rudolf Bultmann in seinem Kondolenzschreiben an Marie Auerbach verdichtet: »Die noble Haltung, die er Deutschland gegenüber bewahrt hat, habe ich stets bewundert; er war ebenso weise wie vornehm.«[55]

Schalk anerkannte diese Haltung, entwickelte aber nicht den Mut, zehn Jahre nach Auerbachs Tod das Exil jenseits vager Umschreibungen deutlicher beim Namen zu nennen. Er scheute vor dem inneren Kreis des Publikums zurück, für den Auerbach seine *Mimesis* geschrieben hatte. Gleichwohl gehörte Schalk zum weiteren Zirkel, den das Nachwort in vornehmer Ausgeglichenheit ebenso als Adressaten des Buches nennt: »Möge meine Untersuchung ihre Leser erreichen; sowohl meine überlebenden Freunde von einst wie auch alle anderen, für die sie bestimmt ist; und dazu beitragen, diejenigen wieder zusammenzuführen, die die Liebe zu unserer abendländischen Geschichte ohne Trübung bewahrt haben.«[56]

IV.

Allerdings hatte Auerbach die prekäre Seite des Westens schon im Ersten Weltkrieg wahrnehmen müssen, nach dem er sich in das Studium von Philologie und Philosophie rettete. Im Zirkel um Ernst Troeltsch stellte sich den liberalen Intellektuellen eindringlich die Frage nach Sinn und Ziel der Geschichte. Der liberale Vordenker der Weimarer Republik unterstrich kurz vor seinem frühen Tod im Jahr 1922 das metaphysische Drängen, mit dem viele nun gegen den positivistischen Zug der Zeit revoltierten: »Die verschollene und verlästerte Geschichtsphilosophie wachte wieder auf und ist in immer weiterem Fortschreiten begriffen. Die Weltkatastrophe des großen Krieges hat das ihrige getan.«[57] Die Bewegung zurück zu den Anfängen des Geschichtsdenkens führte über Giambattista Vico, der für Auerbach gleichsam eine geistige Erweckung bedeutete.

Einem ersten Ausdruck hatte die Grundspannung seines Denkens schon in der Abschlussarbeit für Troeltsch gefunden. In der nie publizierten Studie setzt sich Auerbach direkt mit Descartes auseinander. Dessen radikale Rationalität brandmarkt er als Ursache eines selbstherrlichen Fortschrittsdenkens, das er wohl als einen Faktor der kriegerischen Katastrophe betrachtet: »Der Name Descartes steht hier nicht für sich allein, sondern als Repräsentant seiner Zeit. [...] Nichts blieb als die rechnende Vernunft, stellte sie fest, dass das empirische Dasein schlecht sei. Sie konnte geändert werden, wie man ein Möbelstück, das im Wege steht, auf einen anderen Platz stellt. Die Geschichte wurde Betrug, der Mythos Aberglaube, und wenn man erst einmal die ganze Welt bekehrt hatte, so konnte aus vernünftiger Rechnung der utopische Staat beginnen.«[58] Die leitende Frage, worin Vicos fruchtbare »Opposition gegen den Rationalismus« lag, beantwortet Auerbach emphatisch mit einer berühmten Passage aus der *Neuen Wissenschaft*.[59] Er wird sie auch später in der »Vorrede« zu seiner Übersetzung zitieren. Darin umreißt Vico die kulturphilosophische Bedeutung des geschichtlichen Sinnes, der dem Menschen erlaube, die historische Welt zu begreifen, weil er selbst sie auch geschaffen habe, während es Gott vorbehalten sei, die Natur zu erkennen, da diese sein Werk sei.[60]

Auerbach stellt Vicos schroffe Unterscheidung zwischen den erkenntnistheoretischen Vermögen von Natur- und Geisteswissenschaft nicht in Frage. Demnach sind die Naturwissenschaften nicht zu substantiellen Einsichten fähig, die nur Gott als ihrem Schöpfer zuständen. So findet man bei ihm nicht die wissenschaftshistorische Revision, die später Carl-Friedrich von Weizsäcker in der Übersetzung von Vicos Kritik an Descartes stellen wird: »Daß aber im gesunden Zusammenspiel von Experiment und Mathematik eine systematische Theorie der Naturerscheinungen gefunden werden kann, die zugestandenermaßen nicht a priori deduziert, die aber die Wahrscheinlichkeit ihrer Aussagen zu jedem wünschbaren Grad der Gewißheit steigern kann – das mag als ein Wunder erscheinen, aber dieses Wunder ist geschehen.«[61] Es trifft auf Auerbach als Interpreten Vicos wohl zu, was v. Weizsäcker – aufgrund seiner Erfahrungen als Atomphysiker im Dritten Reich – als dessen Grund für die Abwertung der Naturwissenschaft vermutete: »Vielleicht wollte er ihr ein Vermögen nicht zugestehen, dessen Folgen er fürchten müßte. Wohin müßte es führen, wenn der

Mensch sich seiner Gottähnlichkeit auf diesem Wege vergewisserte? Und können wir heutigen in diesem Punkt beruhigt sein?«[62]

Was den jungen Auerbach umtreibt, ist die Möglichkeit des philosophisch-kritischen Geschichtsdenkens, die über den Erfolgen der Naturwissenschaften in Vergessenheit geraten war. Ihn bedrängt wie viele wache Geister die Frage, warum die westliche Zivilisation in eine barbarische Selbstzerfleischung verfallen war und was man dagegen kulturphilosophisch tun könne. Deshalb wollte er auch seine frühen Einsichten gegen den Wunsch von Ernst Troeltsch gleich einem größeren Publikum bekanntmachen, wie Efraim Frisch, dem Herausgeber der Zeitschrift *Der neue Merkur*, schrieb: »T. will übrigens aus meiner ursprünglich für ihn geschriebenen grossen Arbeit eine wissenschaftliche Publikation machen; aber ich habe genug davon und will lieber vor ein allgemeines Publikum. Übrigens wird Vico jetzt hier sehr Mode, und wenn wir den Ruhm der Priorität haben wollen, so müssen wir uns beeilen.«[63]

Ein Moment der wachsenden Attraktivität Vicos ist die Idee der Vorsehung Gottes, die der neuzeitliche Mensch über seinen Erfolgen verloren habe und deren mögliche Bedeutung nach der Katastrophe des Ersten Weltkrieges nicht nur Auerbach einleuchtet. Im geht es aber darum, die Unverfügbarkeit des Providentiellen herauszustellen, das nicht als erreichbares Resultat menschlichen Bemühens gesehen werden dürfe. So stellt sich Auerbach deutlich gegen Benedetto Croce, der in Neapel nach 1900 Vico wieder ins Gedächtnis der Zeit gerufen hatte: »›Der Mensch schafft die menschliche Welt […] und der Mensch ist ihr Gott.‹ Dass Croce so denkt, wollen wir gern glauben, aber Vicos Meinung war es nicht. Für ihn ist die Vorsehung, und nicht der Mensch, der Gott der Geschichte […].«[64] Auch der Essay im *Neuen Merkur* pointiert Vicos »tolles Buch« als unzeitgemäßen Protest gegen den Geist einer selbstherrlichen Aufklärung: »Und wenn Croce bedauert, daß der Glaube an einen transzendenten Gott ihm den Blick getrübt hat und er also den Begriff des Fortschritts nicht erkannte, so scheint uns dies ein arger Fehlgriff. Freilich wirkt Vicos Vorsehung in den empirischen Stadien der Geschichte; aber sie ist doch ewig und unveränderlich, nicht immanent im jeweiligen Zustand, sondern ihn bestimmend nach ewigem Ratschluß: das Erlebnis eines Gläubigen […].«[65]

Ein Jahrzehnt später nimmt Auerbach den kulturphilosophischen Kern der *Neuen Wissenschaft* in *Vico und Herder* genauer in den Blick. Vicos Idee vom zyklischen Ablauf der Geschichte war es, die viele Zeitgenossen angesichts der europäischen Katastrophe neu aufhorchen ließ, ob diese nicht die Krisis der Zeit verständlicher machen könnte. Mit großer Faszination betrachtet er die Struktur des dreiphasigen Kreislaufs der Geschichte, die Vico in den Menschheitszeugnissen erkennen zu können glaubte. Das barbarische Urstadium, das heroische Zeitalter und die bürgerliche Blütezeit waren demnach sich ablösende Zustände, die verschiedene Fähigkeiten der Menschen beanspruchten, um die Herausforderungen des Lebens bewältigen zu können. Auerbach gibt eine knappe Vorstellung vom unabwendbaren Wechsel der drei Zeiten, die Vico, »einsam, ohne jede Vorbereitung durch verwandte Strömungen, ohne die tragende Kraft der gleichgesinnten jugendlichen Freunde«, entworfen habe. Er geht vom »bürgerlich vernünftigen Zeitalter« aus, das man bis 1914 für einen Garanten allgemeiner Sekurität gehalten hatte: »In ihm herrscht das Bewußtsein der natürlichen Gleichheit aller Menschen; die Sinnlichkeit verliert ihre Kraft, die Phantasie verarmt; Vernunft, Abstraktion, philosophische Religion, ausgleichende Gerechtigkeit nach Lage des Falles, Befreiung von den Formen begründen die demokratischen Republiken; doch alsbald beginnen die materiellen Interessen der Interessen der Gesetze zu spotten, die Einzelinteressen, die nicht mehr wie in der Standesrepublik der Heroen mit denen des Staates zusammenfallen, schaffen Unordnung und Kampf aller gegen alle; in diesen Kämpfen wird einer der Herr und begründet die aufgeklärte, überpersönliche, absolute Monarchie (Augustus). Dies ist die Blüte der Gesinnung, doch dauert sie nicht, alsbald beginnt Hypertrophie der Vernunft und des Lebensgenusses, Luxus, Übermut, Gottlosigkeit, Rückfall in die Barbarei; die Kultur verfällt, neue barbarische Völker treten auf, wieder beginnt der Umlauf mit Heroen [...]; dies ist die zyklische Wiederkehr, der *ricorso*, den Vico am Mittelalter darstellt, der aber als ewig wiederkehrend gedacht ist.«[66]

Dass aufgrund der zyklischen Anlage der Geschichte in allen Menschen die Spuren der unterschiedlichen Phasen zu finden seien, ist ein Gedanke Vicos, den Auerbach unterstreicht. Deshalb könne man die *Neue Wissenschaft* sowohl als »Geschichtsphilosophie« wie auch als »philosophische Anthropologie« lesen: »Durch sein ganzes Buch zieht sich der Gedanke, daß die Stufen der menschlichen Entwicklung nicht nur praktisch aufeinanderfolgen, sondern auch in der Anlage des menschlichen Geistes immer sämtlich gegeben sind; so daß, wenn sie schließlich auf der höchsten Stufe der Gesittung, nämlich der voll entwickelten Vernunft, alle nacheinander aktualisiert worden sind, es gleichsam nur einer inneren Anstrengung und Selbstbesinnung bedarf, um sie bis in ihre letzten Ursprünge zu erkennen.«[67]

Vicos »Wissenschaft vom Menschen« sei am »Gemeinsam-Menschlichen durchaus nicht in einem gebildeten, aufgeklärten und fortschrittlichen Sinne« orientiert, sondern stehe »in der ganzen, großen und schrecklichen Wirklichkeit der Geschichte.«[68] Im Vergleich erscheint Herders Idee der Humanität trotz aller Verdienste um die Wiedergewinnung des geschichtlichen Sinnes schillernd, unfähig, der herben Realität zu entsprechen.[69] Vico habe den Primitiven nicht nach seinem Bilde verharmlost, sondern »den Anderen in sich selbst entdeckt«: »Das ist seine Humanität; etwas weit

Tieferes und Gefährlicheres als das, was man zumeist unter diesem Worte versteht.«[70]

Auerbach findet in Vico nicht nur den diagnostischen Schlüssel zum Verständnis der Zeit; zugleich kann sein Gespür für die poetischen Ausdrucksformen des Menschen auch therapeutisch den Weg aus der Krise weisen. Seine Erinnerung an die archaische Bildlichkeit der Sprache ist verknüpft mit einem Plädoyer für eine Renaissance des Dichterischen, das im Zeitalter purer Vernünftigkeit vergessen worden sei: »Jene Urmenschen waren ›von Natur Dichter‹ und je näher die späteren Dichter ihnen standen, umso größere Dichter waren sie; das völlig aufgeklärte Zeitalter ist undichterisch.»[71] Das kulturelle Reservoir, das in der dichterischen Sprache der Völker vorliegt, mag den Zeitgenossen helfen, die allen gemeinsame Natur zu bändigen und ein geschichtlich sinnvolles Leben zu entfalten. Es ist vor allem die Dichtung Dantes, die Vico als herausragendes Beispiel für die Möglichkeit versteht, sprachlich in die Tiefe des Menschen vorzudringen, um zu versuchen, im Horizont des christlichen Weltbildes und des alltäglichen Lebens Klarheit über sich selbst zu gewinnen. Auch ist Auerbach angetan von Vicos Blick auf Homer, der als eine Vielzahl von Einzelpersönlichkeiten zu denken sei, die in der homerischen Dichtung ihr primitiveres Welt- und Selbstverständnis gemeinsam und kaum trennbar zum Ausdruck gebracht hätten. Auerbach sah in Vico »de[n] erste[n], der Homer und Dante wieder verstand«.[72] Er selbst folgte als Literaturhistoriker diesen Spuren.

V.

Die Marburger Antrittsvorlesung *Entdeckung Dantes in der Romantik* gibt Rechenschaft, was seinen Blick auf den Dichter anregte. Auerbach bildet zuerst einen scharfen Kontrast zu Goethe. Dieser habe in Faust die exemplarische Gestalt zeitgemäßer Eigenständigkeit geschaffen, während die Figuren bei Dante nur im religiösen Rahmen zu verstehen seien: »Faust fühlt in sich selbst und dem eigenen irdischen Wirken die wechselnde Fülle des Göttlichen, Dantes Betrachtung findet jenseits allen Wirkens die konkrete und unverrückbare Gestalt der göttlichen Ordnung.«[73] Auf der anderen Seite beschreibt Auerbach das Extrem der philosophischen Romantiker. Obwohl Schelling und Hegel eine großartige Sensibilität für die »Einheit des großen Gedichts« bewiesen und es treffend als »poetisches Gebäude unseres Weltalters« gelesen hätten, trifft sie ebenfalls ein grundsätzliches Bedenken. Während Goethe in *Faust* die Trennung von der Sphäre des Göttlichen vollzogen habe, sei es problematisch, dass die Romantiker das Menschliche zu sicher mit dieser verbinden wollten: »doch besaßen sie allzuviel Neigung zur spekulativen Konstruktion und zu wenig Treue zum Gegenstand.«[74]

Dabei bekennt sich Auerbach emphatisch zur Lesart Dantes, die Hegel in den *Vorlesungen über die Ästhetik* entwickelt hatte. Dieser habe auf einer Seite alles Entscheidende über die *Komödie* gesagt. Auerbach stattet seinen Dank an Hegel in einem langen Zitat ab, dessen Kern lautet: »Denn wie die Individuen in ihrem Treiben und Leiden, ihren Absichten und ihrem Vollbringen waren, so sind sie hier, für immer, als eherne Bilder versteinert hingestellt. In dieser Weise umfaßt das Gedicht die Totalität des objektiven Lebens: den ewigen Zustand der Hölle, der Läuterung, des Paradieses, und auf diesen unzerstörbaren Grundlagen bewegen sich die Figuren der wirklichen Welt nach ihrem besonderen Charakter.«[75]

Dass dieser Realismus eine christologische Pointe besitzt, ist ein wichtiger Gesichtspunkt von *Dante als Dichter der irdischen Welt*. Die Passion Christi fungiert heuristisch als Gegenentwurf zur antiken Anthropologie. Deren Annahme, es gebe »eine apriorische Einheit der Gestalt in ihrem Geschick«, stelle die »Geschichte Christi« in Frage.[76] Diese fordere auf, alle »Fragwürdigkeit und verzweiflungsvolle Widerrechtlichkeit des irdischen Geschehens« um des kommenden Heiles willen zu erdulden.[77] Das philosophische Ideal der stoischen Apathie, das in der griechisch-römischen Welt zu Hause war, ist mit dem Gedanken der Passion nicht in Einklang zu bringen: »Welche Vermessenheit nach theoretischer Ruhe zu streben, da Christus selbst in immerwährender Spannung gelebt hat.«[78]

1941 greift Auerbach diese Position nochmals in *Passio als Leidenschaft* auf. Er fokussiert sie in der Spannung, die Augustinus im spätrömischen Reich durch seine beidseitige Affinität zu Antike und Christentum repräsentierte. Obwohl der Kirchenvater die stoische Herrschaft über die *passiones* als Ethos schätzte, sei ihm die »Ruhe der Weisen« kein erstrebenswertes Ziel an sich gewesen: »Stoische und christliche Weltflucht sind tief verschieden. Nicht den Nullpunkt der Leidenschaftslosigkeit außerhalb der Welt, sondern das Gegenleiden, das leidenschaftliche Leiden in der Welt und damit auch gegen die Welt ist das Ziel christlicher Weltfeindschaft.«[79]

Die Passion ist die Haltung, in der die Dunkelheit der Geschichte ihren tiefsten Ausdruck findet. Schon die Auslegungen zur katholischen Weltanschauung Vicos spiegeln, wie sehr Auerbach in diesem Bewusstsein dachte, wenn er auf die prophetischen Ursprünge dieses Gedankens hinweist: »In der geschlossenen christlichen Welt ergibt sich das Sinnganze als der Plan Gottes oder die Vorsehung; es zu erkennen ist unmöglich, denn meine Gedanken sind nicht eure Gedanken, und eure Wege sind nicht meine Wege, spricht der Herr.«[80] In *Mimesis* liegt der Akzent noch stärker auf der jüdischen Bibel, wenn das erste Kapitel die Erfahrung der Verborgenheit Gottes an der Vätergeschichte veranschaulicht. Auch hier bildet der polemische Kontrast zur Antike das heuristische Mittel der Darstellung. Die Heimkehr des Odysseus erscheint zwar als beeindruckende Exilgeschichte, in der die alte Magd ihren Herrn an der Narbe wiedererkennt, die ein Eber dem Jüngling schlug. Aber im Vergleich mit der alttestamentlichen Geschichte der Opferung des Isaak bleibe sie vordergründig, obwohl sie kunstvoll eine Kette von Erinnerungen an diese Szene knüpfe. Denn Abraham könne seinen göttlichen Auftraggeber nicht erkennen. Dessen Stimme kommt aus dem Verborgenen und fordert ein blindes Vertrauen und Glauben: »Der weltgeschichtliche Anspruch und das ständig bohrende, ständig in Konflikten sich auseinandersetzende Verhältnis zu einem einzigen, verborgenen und doch erscheinenden Gott, welcher verheißend und fordernd die Weltgeschichte lenkt, verleiht den Erzählungen des Alten Testaments eine ganz andere Perspektive als sie Homer besitzen kann.«[81] Später gesteht Auerbach zu, zuerst gezweifelt zu haben, die jüdische Urgeschichte so prominent zu behandeln; jedoch das heuristische Kalkül habe ihn beruhigt: »Einen Augenblick erwog ich, das Homerkapitel ganz fallen zu lassen – für meine Zwecke hätte es genügt, mit der Zeit um Christi Geburt zu beginnen. Aber eine Einleitung zu finden, die an Deutlichkeit und Wirksamkeit für die Problemstellung sich mit dem Homerkapitel hätte messen können, erwies sich als undurchführbar.«[82]

Tatsächlich entwickelt schon das Homer-Kapitel den Ausblick auf die Geschichte Christi und die Autoren des Neuen Testaments und der Kirchengeschichte. Bewundernd skizziert Auerbach darin, wie Paulus in der »Heidenmission« die bis dahin exklusive Gottesbeziehung des jüdischen Volkes in einen universalen Horizont gestellt habe, der in der »eindrucksvollen Deutungsarbeit« von den Kirchenvätern, vor allem von Augustinus, weiter entfaltet worden sei.[83] In *Figura*, einer ideengeschichtlichen Vorstufe von *Mimesis*, die zu Anfang des Exils unter Ratschlag des Marburger Theologen Rudolf Bultmann entstand,[84] beschrieb Auerbach erstmals genauer die figurale Konstellation, die auch *Mimesis* prägen sollte: »Wenn zum Beispiel ein Vorgang wie das Opfer

Isaaks interpretiert wird als Präfiguration des Opfers Christi, [...] so wird ein Zusammenhang zwischen zwei Ereignissen hergestellt, die weder zeitlich noch kausal verbunden sind [...]. Herzustellen ist er lediglich, indem man beide Ereignisse vertikal mit der göttlichen Vorsehung verbindet, die allein auf diese Art Geschichte planen und allein den Schlüssel zu ihrem Verständnis bieten kann.«[85]

Schon Leo Spitzer erkannte früh in *Dante als Dichter der irdischen Welt* das provokative Potential des religiösen Skandalons, das zwischen den Zeilen ahnbar sei: »Die ruhig abgewogene, vornehme, durch Polemik fast kaum unterbrochene Darstellung [...] läßt den Leser vielleicht nicht merken, daß der (Ton) im höchsten Maße polemisch ist.«[86] Von philosophischer Seite wies an prominenter Stelle Helmut Kuhn mit sichtlicher Distanz auf das »beunruhigende Zwielicht« hin, das *Mimesis* als »christologische Literaturgeschichte« aussende.[87] Fritz Schalk schließt sich diesen Vorbehalten – zurückgenommen in einer Fußnote – an, habe doch die von Auerbach vernachlässigte Antike nicht nur im sokratischen Denken die Stilmischung ebenso berücksichtigt. Auch nennt er jene Altphilologen, deren Einwände gegen den polemischen Geist des Homer-Kapitels Auerbach in *Epilegomena zu Mimesis* aufgriff.[88] Dass Schalk nicht daran lag, die heuristische Konfrontation von Antike und Christentum ausdrücklich werden zu lassen, zeigt sich auch darin, dass er diese wichtige Apologie Auerbachs, die in den *Romanischen Forschungen* vor allem auch als Antwort auf Curtius' Kritik an *Mimesis* noch 1954 erschienen war, nicht in die *Gesammelten Aufsätze zur romanischen Philologie* aufnahm.[89]

Auerbachs skeptischer Blick auf die antike Tradition enthält dann emphatische Züge, wenn diese mit dem christologischen Interesse zu verknüpfen ist. Diese eingeschränkte Form der Pietät zeigt sich besonders in *Dante und Vergil*, einem Essay, der dem römischen Dichter ein großartiges Denkmal setzt, das an jenes der *Komödie* anknüpft. Zu der

Zeit, als politische »Führer« Europas Katastrophe besiegelten, erinnert sein Essay daran, dass Vergil – der in seiner Dichtung die »Geburt eines Knaben« ankündigte, der »göttliches Leben« empfange und Frieden bringe – ein entscheidender Vorläufer der christlichen Wirklichkeitsauffassung war: »Sodann ist Vergil als Dichter ein Führer, weil er über seine zeitliche Prophezeiung hinaus auch die ewige überzeitliche Ordnung, das Erscheinen Christi, das mit der Erneuerung der zeitlichen Welt zusammenfiel, in der vierten Ekloge verkündet hat – freilich ohne die Bedeutung seiner eigenen Worte zu ahnen, aber doch so, daß die Nachkommenden sich an diesem Lichte entzünden konnten.«[90]

Eine Parallele zu der »vergilischen *pietas*« findet Auerbach in der *Komödie*, wenn Dante voller Bewunderung das Bild Catos zeichnet, der nicht als Christ, sondern als Heide am Ende der römischen Republik sein Leben freiwillig ließ, um nicht dem Tyrannen Caesar dienen zu müssen. Es heißt in *Figura*: »Die Gestalt Catos als eines strengen, gerechten und frommen Mannes, der in einem bedeutenden Augenblick seines Geschicks und der providentiellen Weltgeschichte die Freiheit höher geachtet hat als das Leben wird in ihrer vollen geschichtlichen und persönlichen Kraft erhalten.«[91] Dantes Cato erscheint als Christus vorausgehende Figur der Passion: »Cato ist eine figura, oder vielmehr der irdische Cato, der in Utica für die Freiheit dem Leben entsagte, war es, und der hier erscheinende Cato im *Purgatorio* ist die enthüllte oder erfüllte Figur, die Wahrheit jenes figürlichen Vorgangs. Denn die politische oder irdische Freiheit, für die er starb, ist nur *umbra futuorum* gewesen, eine Präfiguration jener christlichen Freiheit, als deren Hüter er hier bestellt ist [...].«[92] Wie sehr Auerbach in den Jahren des Istanbuler Exils die Idee der Freiheit im Kontrast der politischen Realität Europas als Trost vor Augen stand, zeigt 1943 die emphatische Würdigung Croces, der »mit Leib und Seele Liberaler und Demokrat« sei und »sich offen gegen das Regime Mussolinis gestellt« habe: »Auf diese Weise hat uns Benedetto Croce seit nunmehr zwanzig Jahren das seltene Schauspiel eines Mannes geboten, der sich aus Liebe zur Freiheit dem Diktator seines eigenen Landes widersetzt.«[93]

VI.

So wie Auerbach die antike Literatur stellenweise als Vorläufer des christologischen Realismus der *Komödie* betrachtet, ist es sein Anliegen, die Darstellung der Wirklichkeit nach Dante als säkularen Ausdruck von dessen religiöser Inbrunst zu erfassen. Die Idee der göttlichen Gerechtigkeit und des ewigen Heils habe ihn mit gedanklicher Schärfe und dichterischer Klasse das leidenschaftliche Leben der Menschen betrachten lassen und der *Göttlichen Komödie* eine besondere Plastizität verliehen. Dies realistische Ethos erlaubte die lebensentscheidenden Augenblicke in großer Genauigkeit und Schönheit vorzustellen.[94] Dabei kam Dante die Entscheidung zugute, sich als Erster der in gelehrten Kreisen wenig geachteten Volkssprache zu bedienen, mit deren Hilfe er eine bis dahin unerreichte Mischung zwischen einfacher und erhabener Sprache fand, um die dramatischen Lebenssituationen des Menschen vor Gott präzise wie suggestiv darzustellen. Diesen religiösen Realismus zu erfassen ist Auerbachs Intention in *Dante als Dichter der irdischen Welt*: »Es geht von dem Gedanken aus, dass im Jenseits Dantes die historische und natürliche irdische Welt nicht abgeschwächt und ausgelöscht, sondern gesteigert und als wahrhafte Wirklichkeit ihrer selbst, also im Endgeschick aktualisierte wahre Gestalt erscheint.«[95]

Mit der Zeit und ihrem Wandel rückten bei den Lesern der *Komödie* die geschilderten Figuren und Szenen als solche in den Mittelpunkt des Interesses, während der ursprüngliche Grund für Dantes realistische Kunst, sein Glauben, stärker in den Hintergrund trat. Auerbach resümiert: »Obgleich die christliche Eschatologie, aus der diese Schöpfung entstanden war, ihre Einheit und aktuale Kraft einbüßte, war das allgemeine Bewusstsein doch so sehr von ihr durchtränkt, daß die Auffassung des menschlichen Geschicks selbst bei recht unchristlichen Künstlern jene ganz christliche Spannung und Intensität bewahrte, die das Erbe Dantes ist.«[96]

In *Der Schriftsteller Montaigne* skizziert Auerbach den Essayisten kurze Zeit später als entscheidende Übergangsfigur der Neuzeit, die den »tragische Realismus« Dantes hinter sich gelassen habe und einen »kreatürlichen Realismus« ohne die christliche Zuspitzung verkörpere: »Das irdische Leben ist nicht mehr die Figur des jenseitigen, er kann es nicht mehr gestatten, das Hier um eines Dort willen zu verachten und zu vernachlässigen.«[97] Montaigne repräsentiert den modernen Laien, der sich seiner persönlichen Freiheit jenseits von Kirche und Gesellschaft bewusst geworden ist, ohne sich in den ideologischen Kämpfen der Zeit einer Partei oder einem Beruf fest zuordnen zu lassen: »Die nun errungene Freiheit war erregender, aktueller, mit dem Gefühl der Ungesichertheit verbunden; der verwirrende Überfluß der Erscheinungen, auf die nun erst das Auge gelenkt wurde, schien überwältigend; die Welt, sei es die äußere oder die innere, schien ungeheuer, grenzenlos, unfassbar.«[98]

Die Schwierigkeit, die Wirklichkeit unter den Bedingungen der Freiheit deuten zu können, steigerte sich noch in der Moderne. Diese war intellektuell und ökonomisch von den Folgen des aufgeklärten Rationalismus geprägt und wirkte mit ihren Umwälzungen, Möglichkeiten und Ansprüchen enorm irritierend. In Marburg werden die französischen Realisten zum Gegenstand, an dem Auerbach die Problematik der Wirklichkeitsauffassung seiner Zeit darlegt. So heißt es in der Rezension zum Flaubert-Buch seines Cousins Paul Binswanger: »Es zeigt sich seit dieser Epoche eine politisch-wirtschaftliche Weltwirklichkeit, die alle Menschen erfaßt und ernst genommen zu werden verlangt; die allen klassischen Grundsätzen und allen romantischen Ausflüchten zum Trotz den in seiner Alltäglichkeit und konkreten Verstricktheit lebenden Menschen auch für die Kunstdarstellung erobert und die Trennung der Stile, nach deren Theorie und jahrhundertalter Praxis Tragik und Realismus ganz unvereinbar waren, mit einer Vollkommenheit beseitigt, wie nie zuvor.«[99]

Der Aufsatz *Romantik und Realismus*, gleichsam eine Vorstudie zu *Mimesis* aus dem Jahr 1933, skizziert unter anderem die sozialen Umbrüche, in denen Stendhal als dynamische Kraft im Zentrum des frühen Realismus erscheint. Seine säkulare Sorge um die »wahre Wirklichkeit« ist verknüpft mit einer Stilmischung, die sich vom klassischen Ideal der Stiltrennung verabschiedet und so den ständischen, politischen und ökonomischen Umbrüchen und Bewegungen, die seit der Französischen Revolution stattfinden, auch ästhetisch Ausdruck verleiht. Auerbach zeigt an Stendhal die tragische Fähigkeit, sich dem Alltag einer Zeit zu stellen, der kein sinnvoll geordnetes Ganzes mehr bildet und den Autor aus Redlichkeit in eine »leere Freiheit« führt.[100]

Distanzierter geht Auerbach mit Balzac um, dessen *Menschliche Komödie* einen genauen Blick für die Verwerfungen und Untiefen der modernen Gesellschaft befördert habe. Auch wenn sein Titel an das »größte mittelalterliche Monument der Stilmischung« erinnere, sei ihm »die Problematik, die Dante veranlaßte, sein Werk die Komödie zu nennen, obgleich es nach seinen eigenen Worten ein heiliges Gedicht war«, nicht mehr deutlich gewesen.[101] Später moniert Auerbach, auch Zola sei zu sehr dem fortschrittsoptimistischen Pathos der Zeit ergeben gewesen, während Flaubert mit seinem Realismus eine mehr ästhetische Form der Erlösung aus dem Elend der Wirklichkeit gesucht habe. Auch Baudelaire erscheint in *Mimesis* als Autor, der nicht frei von der Gefahr eines effekthascherischen Ästhetizismus war.

Wie scharf Auerbach aus der genealogischen Perspektive eines christologischen Realismus die moderne Literatur beurteilt, zeigt seine frühe Wahrnehmung von Marcel Proust. Schon 1927 äußerte er sich distanziert über dessen literarisches Anliegen: »ein Wiederfinden der verlorenen Wirklichkeit in der Erinnerung, ausgelöst durch ein äußerlich unbedeutendes und anscheinend zufälliges Ereignis«. Er sieht in *Auf der Suche nach der verlorenen Zeit* einen heiklen Zug ins Elitäre, eine Entfernung von der Realität der gemeinsamen Welt. In regelrecht klinischen Bildern lässt Auerbach ahnen, wie wenig ihm die ständische Engführung behagt, die Proust als Kind in der morbiden Welt des Großbürgertums bis ins Extrem kultiviere: »Fest und hermetisch geschlossen ist das Schema einer morschen, aber bestehenden Soziologie, in die Sphäre einer überempfindlichen, bis zur Narrheit konsequenten, grauenhaft seitengängerischen Beobachtungskraft läuft der ungeheure Roman zwischen seinen wenigen Motiven und Ereignissen wie in einem Käfig, ohne die Welt, die dicht nebenan vorbeiströmt, zu sehen und ohne ihren Lärm zu hören.«[102]

Dabei schätzt Auerbach an der zeitgenössischen Literatur das »Vertrauen, daß in dem beliebig Herausgegriffenen des Lebensverlaufs, jederzeit, der Gesamtbestand des Geschicks enthalten sei und darstellbar gemacht werden könne«.[103] Als gelungenes Beispiel dieser Intention nennt er Virginia Woolf, die seismographisch fähig gewesen sei, die Gebrochenheit von inneren und äußeren Verhältnissen in der Moderne zur Sprache zu bringen. Im Spiegel ihres Romans *To the Lighthouse* stellt Auerbach bewundernd fest: »Never did anybody look so sad ist keine objektive Feststellung; es ist die ans Überwirkliche streifende Wiedergabe der Erschütterung jemandes, der Mrs. Ramsays Gesicht erblickt hat. […] Niemand weiß hier genau Bescheid; es sind alles nur Vermutungen, Blicke, die jemand auf einen anderen wirft, dessen Rätsel er nicht zu lösen vermag.«[104] Ihr Roman trägt die melancholische Signatur der modernen Figuraldeutung: »Je mehr man ihn auswertet, desto schärfer tritt das elementar Gemeinsame unseres Lebens zutage; je mehr, je verschiedener und je einfachere Menschen als Gegenstand solcher beliebigen Augenblicke erscheinen, desto wirksamer muß das Gemeinsame hervorleuchten.«[105]

VII.

Für Auerbach als wissenschaftlichem Schriftsteller ist die Frage brennend, wie man sich diesem »Gemeinsamen« philologisch nähern kann. Dass *Mimesis* den Versuch darstellt, es den Dichtern gleichzutun und in der Auswahl scheinbar beliebiger Aspekte zu einer Darstellung charakteristischer Züge der Literaturhistorie zu gelangen, konstatiert er selbstbewusst: »Man kann dies Vorgehen moderner Schriftsteller mit dem einiger moderner Philologen vergleichen, welche meinen es lasse sich aus einer Interpretation weniger Stellen [...] mehr und Entscheidenderes gewinnen [...] als aus Vorlesungen, die systematisch und chronologisch« vorgingen.[106]

Einige Jahre später ergänzt er seine methodische Andeutung in *Philologie der Weltliteratur*. In vornehmer Anspielung deutet Auerbach an, wie »das praktische Seminar in Weltgeschichte, an dem wir teilgenommen haben«, das Bewusstsein für das Problem gesteigert und gefördert habe: »Die Ereignisse der letzten vierzig Jahre haben den Gesichtskreis erweitert, die weltgeschichtlichen Ausblicke enthüllt und die konkrete Anschauung von der Struktur zwischenmenschlicher Vorgänge erneuert und bereichert.«[107] Die leitende Frage, wie dem »Problem der Synthese« angesichts solcher kultureller und historischer Wirklichkeitsfülle zu begegnen sei, beantwortet er mit dem Hinweis auf die »persönliche Intuition«: »Wo sie gelänge, da wäre zugleich eine wissenschaftliche Leistung und ein Kunstwerk entstanden.«[108]

Zum Kunstwerk werde solche Philologie, weil im Prozess der »Auswahl, Problemstellung, Kombination und Formung« die persönliche »Einbildungskraft« eine zentrale Rolle spielt, freilich flankiert von sachlichem Wissen und begrifflichem Vermögen, die gemeinsam erlauben, eine strahlkräftige Interpretation der abendländischen Wirklichkeitswahrnehmung zu bieten.[109]

Schon in den Marburger Jahren schwebte Auerbach das Ideal einer Philologie vor, bei der die persönliche Einbildungskraft maßgeblich sei. Das Vorbild der Stilforschung, das er rückblickend nennt, sah er damals in Gestalt von Leo Spitzer, der sich in seinen Studien jedoch in einer Vielzahl von Deutungen verloren habe: »An den Stellen, auf die es ankommt, sobald wir nach dem Maß suchen, mit dem gemessen wird, hören wir viele Stimmen. [...] Aber das Fremde muß aufhören, fremd zu sein, es muß aufgegangen sein in dem eigenen geistigen Wesen, darin seinen Grund und Wohnsitz gefunden haben und nur aus ihm heraus, in Verbindung zu ihm, in Erscheinung treten.«[110]

Mimesis wird in *Philologie der Weltliteratur* nicht erwähnt, vielleicht gerade weil sich Auerbach seiner Qualität bewusst war. Vielmehr nennt er als überzeugendes Beispiel für das synthetische Vorgehen allein die große Literaturhistorie von Ernst Robert Curtius, wohl nicht zufällig nach dem ihm schmerzlichen Abbruch ihres Gespräches. Während die Besprechung noch stellenweise sehr scharfe Kritik an *Lateinisches Mittelalter und europäische Literatur* geübt hatte, da die angestrebte »Verfugung« und »Verwebung« des Stoffes oft nicht gelungen und der »Sinn des Aufbaus [...] nicht immer verständlich, [...] zuweilen auseinandergerissen« sei,[111] übt sich Auerbach jetzt in großem Lob, auch wenn dieses auf die »besten Teile« des Buches begrenzt ist.[112]

Als leitenden Ansatzpunkt stellt er bei Curtius nicht zufällig das Interesse am »Fortleben der Antike« heraus, welches das Buch über das Mittelalter hinweg in den romanischen

Kulturen Europas untersuche.[113] Dass bei dieser Wahl schon die »eigentümlich-persönliche Einseitigkeit« wirksam sei, die bei manchen »gelehrte[n] Schriften [...] auf die Persönlichkeit des Verfassers« schließen lasse[114] und bei Curtius mit der deutsch-rheinischen Herkunft verknüpft sei, deutete schon die Besprechung an. Der Leser, der mit dem christologischen Charakter von *Mimesis* vertraut ist, kann für sich von daher den Kontrast zu Curtius' antiker Typologie bilden.

Nur an einer Stelle von *Philologie der Weltliteratur* spielt Auerbach auf die religiöse Signatur seines eigenen Schreibens an, wenn er emphatisch vom »Kairos der verstehenden Geschichtsschreibung« spricht. Es geht vorderhand allein um das heute zu ergreifende Moment, da die Bestände der Weltliteratur einer Synthese zugänglich seien, bevor die technisch-rationale Standardisierung zu einer »einzige[n] literarische[n] Kultur« führen würde, in welcher der »Gedanke der Weltliteratur zugleich verwirklicht und zerstört« wäre.[115] Begriffsgeschichtlich schwingt in »Kairos« der antike Kontrast zu »Chronos« mit, d. h., es geht um die Spannung zwischen bedeutsamer und rein vergehender Zeit. Die christliche Akzentuierung der Idee einer entscheidenden Zeit, von der her alles Vergangene und alles Kommende zu deuten ist, entfaltete die junge Kirche, indem sie die Ideen des jüdischen Messianismus neu aufgriff. In diesem Sinne ist der Begriff im literaturhistorischen Werk Auerbachs präsent, nicht zuletzt auch im Kontrast zur homerischen Zeit, die in aneinander gereihten Ereignissen verläuft, ohne hintergründige Bedeutsamkeit zu besitzen.

Dabei säkularisiert Auerbach die jüdisch-christliche Vorstellung eines heilsgeschichtlichen Kairos, der von den Gläubigen erwartet und ergriffen werden müsse, um die rettende Lebenswende einzuleiten. Nun sind es die Schriftsteller und die sie ausdeutenden Philologen, die gefordert sind, für das größere Publikum eine vorläufige Ordnung der überwältigenden Wirklichkeit und der umfänglichen Tradition zu bieten. Erst dann kann der Laie aus diesen säkularen wie individuellen Zeugnissen der literarisch-philologischen Wirklichkeitsbegegnung schöpfen und sein Leben jenseits des ästhetischen Vergnügens an ihnen orientieren.

Dass die Ursprünge von Auerbachs Kairos-Denken im Kreis um Ernst Troeltsch liegen, in dem er diskutiert wurde, lässt die Abschlussarbeit *Vicos Auseinandersetzung mit Descartes* ahnen. Dort tritt der Begriff des »Kairos« prominent auf und ist verknüpft mit der Idee, es müsse »überpersönliche Menschen« geben, die auf einem »bestimmten Gipfelpunkt der Geschichte« stehen, »wo sich das Geheimnis der Vorsehung der menschlichen Erkenntnis enthüllt«.[116] In dieser Lesart war der Begriff auch im Zirkel um Stefan George präsent, den Auerbach in jenen Jahren als die »reinste und größte Gestalt in der deutschen Gegenwart« ansah. Die mit Vico formulierte Sehnsucht nach Führung im geistigen Leben dokumentierte damals eine Besprechung von Georges Dante-Übersetzung, die mit nationalen Tönen den Kairos der Dichtung beschwört: »Zu einem ganz bestimmten glücklichen Zeitpunkt, unter ganz besonderen Bedingungen konnte dies germanisch-romanische Werk entstehen, das die Urkräfte beider Völker offenbart, in denen Geist und Leib, Gott und Welt, Schicksal und Charakter, sich in einem Blick und einem Ausdruck vereinigen.«[117] Im Rückblick wirft *Mimesis* auf die Sehnsucht nach solcher Führung, wie sie in literarischen und politischen Kreisen nach dem Ersten Weltkrieg entstand, einen skeptischen Blick. Auerbach benennt bei aller Sympathie für das Denken im Zeichen eines erhebenden Kairos die ihm selbst bekannte »Versuchung«, »sich einer Sekte anzuvertrauen, die mit einem einzigen Rezept alle Probleme löste, mit suggestiver innerer Gewalt Gemeinschaft forderte und alles ausschloss, was sich nicht fügte und einfügte«.[118]

Im Oberseminar von Ernst Troeltsch war eine solche Einordnung nicht verlangt. Als Kulturphilosoph wollte dieser lediglich die geschichtsphilosophische Situation der Zeit erfassen und die Rolle der deutenden Geisteswissenschaft in ihr bestimmen. Luzide unterscheidet Troeltsch in der posthum veröffentlichten Summe seines geschichtsphilosophischen Denkens saturierte von krisenhaften Zeiten, welche das synthetische Denken gegenüber einer rein kritisch ordnenden Wissenschaft bevorzugten, um einen als notwendig empfundenen geschichtlichen Sinn zu schaffen: »Man wird dann Genauigkeit und Kritik, Isolierung der Probleme und reine Sachlichkeit der Forschung als Pedanterie oder Enge oder Geistlosigkeit verhöhnen und nach großen Zusammenfassungen und Uebersichten streben, die mit dem eigenen, unruhigen, große Ziele suchenden Lebensgefühl übereinstimmen.«[119]

Troeltschs eigene Vorstellung, wie man dem akuten »Problem der Kultursynthese« begegnen könne, lebt vom Vertrauen, in der kulturellen Deutung zugleich den tieferen geschichtlichen Sinn zu treffen. Sie entspricht im Umriss dem lockeren Begriff des christologisch abgeleiteten Realismusbegriffs, den *Mimesis* zum Erstaunen vieler strenger Philologen bietet, die sich eine kritischere Bestimmung gewünscht hätten. Aber Auerbach hält den Bedeutungshof des Begriffs bewusst im Vagen, um die Wandelbarkeit seiner christologischen Wirklichkeitsidee und ihrer säkularen Gestalten zu erhalten und seine Leserschaft herauszufordern, die vorgeschlagene Deutung am Text mitzuvollziehen, ohne zu abgehobenen Einsichten gelangen zu wollen.[120] Sehr schön hatte diese Intention, historisch konkrete statt abstrakter Begriffe zu suchen, schon der Schweizer Romanist Gerhard Hess in einer frühen Rezension von *Mimesis* bemerkt, wenn er das »Schillern« der Begriffe bei Auerbach verteidigt: »Sie sind nicht ungenau. Im Gegenteil, sie erhalten in der Interpretation eine Genauigkeit, die ein starrer, nicht nuancierter Begriff nie erreicht. [...] und man wird sagen müssen, daß der Leser die eigentliche Einsicht im Akt des Interpretierens gewinnt und nicht in der abschließenden Überschau.«[121]

Die Besprechung von René Welleks *A History of Modern Criticism* nutzt Auerbach, um seine Idee einer wandelbaren Begrifflichkeit, die vom zeitgenössischen Bewusstsein der historischen Umwälzungen geprägt ist, nochmals zu entfalten. Später gingen diese Überlegungen dann in *Über Absicht und Methode* ein, der Essay, der sein letztes Buch eröffnete.[122] Angesichts von Welleks Kritik am bodenlosen Historismus spricht er provokativ vom nicht zu vermeidenden »historischen Perspektivismus«, der die Relativität alles Deutens und Denkens mit sich bringe: »der historische Relativismus ist ein doppelter, er bezieht sich auf den Verstehenden ebenso wie auf das Verstandene«.[123] Alles ist vorläufig und wandelbar, sowohl unsere Wahrnehmung als auch ihr Gegenstand. Alle synthetische Arbeit bleibt ein Versuch, ein Wagnis: »Man lernt allmählich, sich aus den Erscheinungen selbst die innergeschichtlichen, elastischen, immer nur provisorischen Ordnungskategorien zu suchen, derer man bedarf.«[124] Der Glaube, dass hinter diesem veränderlichen und vagen Menschenwerk am Ende doch die Vorsehung Gottes stehen könne, ist spürbar, wenn Auerbach von der Hoffnung auf eine »echte innere Geschichte« spricht, die aus der Summe der philologischen Kritik und Synthese ersichtlich werden könne und eine »Quintessenz der mediterran-europäischen Kultur« bilde, wie sie Ernst Robert Curtius vorgeschwebt habe.[125]

Allerdings gelingt es ihm selbst nicht mehr, dieses Anliegen umzusetzen, d. h., die Lücke zu schließen, die *Mimesis* zwischen der Spätantike und dem Mittelalter gelassen hatte. Er kämpft in den amerikanischen Jahren mit dem Werk *Literatursprache und Publikum in der lateinischen Spätantike und im Mittelalter*, das ihn in eine »Krisis« stürzt, da er »zu grosse und vielschichtige Pläne gemacht« und sich »überarbeitet« habe.[126] Das Vorwort bekennt schließlich mit resignativem Ton, das posthum erschienene Buchs sei nur mehr eine »Reihe von Fragmenten«: »Es besitzt nicht einmal die lockere, aber doch ständig fühlbare Einheit von Mimesis.«[127]

VIII.

Die Einheit des Buches lag vor allem in Auerbachs Interesse begründet, im Unterschied zu Curtius nicht die Kontinuität zur antiken Welt betonen zu wollen, sondern vielmehr das Fortleben des Christentums zu erfassen, das zuletzt im Mittelalter eine geschlossene Form gezeigt hatte. In *Literatursprache und Publikum in der lateinischen Spätantike und im Mittelalter* zieht er die Summe seiner Einsichten. Die Paradoxie eines ursprünglich weltflüchtigen Glaubens, der im Römischen Reich seine weltbeherrschenden Züge entwickelte, faszinierte Auerbach. Sobald das Christentum als »Erlösungsreligion, die das Weltende als nahe bevorstehend erwartet, [...] wirkend in die irdische Welt eintritt«, wird es zu einer politischen Größe, deren »eschatologische Unruhe« bis in die Moderne hinein im Politischen für revolutionäre Bewegungen und Erschütterungen sorgt. Aber zugleich weist Auerbach in »Das abendländische Publikum und seine Sprache«, dem vierten und letzten Fragment des Buches, abschließend darauf hin, wie stark Lyrik, Dramatik und Literatur durch die »christliche Dialektik von Leiden und Leidenschaft« geprägt worden seien. Und der Autor vergisst auch nicht die philosophische Welt: »die Auseinandersetzung des antiken Denkens mit den Paradoxien des Glaubens hat der europäischen Philosophie die ihr eigentümliche Schulung gegeben.«[128]

Fritz Schalk hat nicht zufällig Auerbachs Interesse an den säkularen Folgen der jüdisch-christlichen Religion nicht weiter erhellt. Auch wird die figurale Deutung als Schlüssel zu Auerbachs Ästhetik und Geschichtsphilosophie kaum von ihm mit der Passionsthematik in Verbindung gebracht.

Es fällt ihm als moderatem Humanisten sichtlich schwer, in seiner umschreibenden Diktion das religiös Provokative in der christologischen Zuspitzung deutlich werden zu lassen. Auch erfasst seine Rede von der »seltenen Heiterkeit der Betrachtung« bei Auerbach nicht den tiefen Ernst des europäischen Philologen, der sich gerne lakonisch gibt. Vielmehr macht sich Schalk den Zug Auerbachs zu eigen, welcher der Antikenliebe seines gelehrten Publikums zuletzt wieder entgegenkommt, wenn er nach dem ausführlichen Plädoyer für die christliche Wirkungsgeschichte in der säkularen Welt sein Buch mit dem vermittelnden Satz zur europäischen Gesellschaft schließt: »Das Antikisch-Christliche des Ursprungs ist es, was sie vereint; und auch ist es die gemeinsame Wirkung.«[129]

Wirft man von der leidenschaftlichen Deutlichkeit, mit der Auerbach die christologische Perspektive bis in die politische und ästhetische Moderne abschließend zum Leitmotiv seiner Literaturhistorie macht, einen vergleichenden Blick auf Erwin Panofsky, dem er seit der Zeit in Princeton verbunden war, zeigt sich, wie klug der Kunsthistoriker sich in seiner kulturphilosophischen Ambition beherrschte und beschränkte. Diese entzündete sich an Aby Warburgs Leidenschaft für das Nachleben der Antike in der Kunst. Obwohl seine methodische Programmschrift zur Ikonologie ebenfalls Wert auf die höchste Stufe des interpretativen Vorgehens legte, die persönliche Synthese des Kunstwerks und seiner Deutung, konzentrierte er sich in seinen Interpretationen vor allem auf dessen kritische Erfassung. Nur an einigen Stellen demonstriert Panofsky ausdrücklich das synthetische Anliegen, das Nachleben der Antike kunsthistorisch zu bestimmen. Die ikonologischen Fragen, welche persönliche Weltanschauung des Künstlers sich darin verberge und welche »eigentliche Bedeutung« es für uns heute trage, blieben meist im Hintergrund, verdeckt vom Anspruch, jedem Detail im historischen Kontext gerecht zu werden.[130]

Auerbach war es hingegen leidenschaftlich darum zu tun, jenseits der philologischen Kritik, die er an den mittelalterlichen Texten sicherlich in stiller Konkurrenz zu Curtius und in Verehrung des Vorbilds Panofskys übte,[131] die christliche Welt als diejenige darzustellen, die – auf den Schultern der jüdischen Väter und Propheten ruhend – für die Moderne weitaus wichtiger sei als die Antike. Ihm ging es emphatisch, nicht kritisch um das Nachleben des Christentums. Dieses Interesse bestimmte ihn, seine synthetische Auswahl und Deutung der Literaturhistorie vom Motiv der Passion her im Topos der Figuraldeutung vorzunehmen. Nachdem das Christentum die exklusive jüdische Glaubenswelt im Gedanken der Gottesbegegnung für alle universalisiert hatte, war es die Säkularisierung in der Neuzeit, die den Kreis des Publikums nochmals ausweitete. Es ging um alle Menschen, die ihre Wirklichkeit ohne die sozialen Verstellungen und ideologischen Verhüllungen zu erkennen bemüht waren und in dieser inneren Freiheit anstrebten, in der literarischen Bannung des ubiquitären Leidens eine vorläufige Form der Erlösung zu finden, ohne noch die Wege der Vorsehung zu kennen.

Kein anderer Philosoph hat die ambivalente Realität des Nachlebens des Christentums so stark zum Thema seines Denkens werden lassen wie Friedrich Nietzsche. Auch wenn Auerbach ihn selbst kaum erwähnt, so ist seine Perspektive nicht denkbar ohne dessen tiefgründigen Versuch, sich im Namen der Aufklärung von der Religion zu befreien. Nietzsche fragte sich, wie die »grosse Loslösung« dem »freien Geist« gelingen könne, der »jene Ehrfurcht, wie sie der Jugend eignet, jene Scheu und Zartheit vor allem Altverehrten und Würdigen« zeige, ursprünglich enthusiasmiert von Voltaire und dem Zeitalter der Aufklärung.[132] Aber der von der universitären Rolle befreite Philologe und Philosoph sah in der ihm eigenen Fähigkeit, sich zu widersprechen und fruchtbare Ambivalenzen zu erzeugen, zugleich ein, dass die

Redlichkeit des modernen Geistes, die ihn zerstört hatte, selbst der Tradition entstammte. In der *Fröhlichen Wissenschaft* zeigt er, wie die »intellektuelle Sauberkeit« und der sie verkörpernde »gute Europäer« sich der jüdisch-christlichen Gewissenhaftigkeit verdanken: »Man sieht, was eigentlich über den christlichen Gott gesiegt hat: die christliche Moralität selbst, der immer strenger genommene Begriff der Wahrhaftigkeit.«[133]

IX.

Die Frage nach dem Nachleben des Christentums, die Auerbach leitet, ist nicht ohne sein jüdisches Herkommen zu beantworten. Man müsste genauer von Nachleben der jüdisch-christlichen Welt sprechen, um ihm als assimiliertem Juden gerecht zu werden, der sich in seinem Greifswalder Curriculum Vitae der frühen 1920er Jahre als »Preuße, jüdischer Konfession« bezeichnete und vor Antritt der Marburger Professur keine Angabe zur religiösen Herkunft mehr machte.[134] Erst im Exil wird diese wieder in einem Fragebogen angegeben und zugleich die persönliche Affinität zur christlichen Religion in ihrer katholischen Gestalt betont.[135] Aber sicherlich betrieb Auerbach keine rein »jüdische Philologie«, wie die hervorragende Einleitung in die amerikanische Ausgabe seiner Essays zuletzt postulierte.[136] Das Judentum blieb ihm eine Vorstufe der christlichen Religion, die den Zugang zu dem einen Gott allen Menschen eröffnete. Am deutlichsten wird dies in »Figura«, dem Aufsatz, der in den ersten Jahren des Istanbuler Exils erschien. An dessen Ende fasst Auerbach seine »Absicht« zusammen: »Jene weltgeschichtliche Lage, die Paulus zur Heidenmission trieb, hat die Figuraldeutung ausgebildet und sie zu der Wirksamkeit vorbereitet, die sie in der Spätantike und im Mittelalter entfaltet.«[137] In der Folge erscheint schon im ersten Kapitel von

Mimesis der Apostel Paulus als römischer Jude, der nach dem Damaskus-Erlebnis die alttestamentliche Tradition in seiner christlichen Figuraldeutung aufgreift und das jüdische Erbe verwandelt in der Heidenmission vor den Kirchenvätern universalisierte.

Im Anfang von *Mimesis* spricht Auerbach auch vom »Rebell«, der als gottesfürchtiger Jude aus geistiger Redlichkeit vor Gott gegen die Tradition aufsteht, in deren dogmatischem Geist die Geschichte gedeutet wurde.[138] Spinoza, der schon in *Vicos Auseinandersetzung mit Descartes* genannt wird, nahm genau aus diesem Grund im christlichen Umfeld Amsterdams die Verbannung aus der jüdischen Gemeinde in Kauf, während Auerbach es vorzog, wie so viele Intellektuelle seiner Zeit, sich allein im Innern von den institutionellen Vorgaben zu lösen, die ihn geistig befremdeten. So schrieb er an Alexander Rüstow, der ebenfalls in Istanbul als assimilierter Gelehrter jüdischer Herkunft wirkte, die Gedanken »Figuras« zuspitzend: »Das Christentum ging von [den Juden] aus, aber sie haben es verworfen, so dass die Mission sich an die Heiden wandte und der Gegensatz zwischen dem jüdischen Gesetz (das nur noch Schatten und Gespenst sei) und christlicher Gnadenerfüllung (die das Gesetz entkräftete) konstruierte.«[139] Jedoch sah Auerbach sich nicht als überlegener Philosoph, der wie Spinoza im geometrischen Geiste Descartes' den geschichtlichen Sinn als mindere Möglichkeit der Sinnsuche für das einfachere Volk verstand. Seine Radikalität war eine sublime, die den Menschen als begrenztes Wesen betrachtete, dem nichts anderes blieb, als im Spiegel und in dunklen Worten stückweise geschichtlichen Sinn zu erkennen. So löste sich Auerbach als assimilierter Jude und deutscher Kulturbürger geistig von der Religion der Väter und hielt ihr doch die Treue, die christlichen Figuren der Passion fest an die jüdische Tradition knüpfend. Indem er diese im säkularen Horizont der Moderne literaturhistorisch einzeichnete, fand der Philologe einen singulären Weg zwischen christlich-säkularem Pragma und jüdischer Pietät, der es bis heute im besten Sinne unmöglich macht, seine geistig ambivalente Position eindeutig zu bestimmen.

Gemeinsam war beiden Religionen, die hinter Auerbachs Modernität standen, eine Gottesvorstellung, die den geschichtlichen Raum als vorläufig ansehen ließ, als eine Fremde, in welcher der Mensch nicht zu Hause ist. Auerbachs eigenes Exil erscheint in manchen Bemerkungen, die er gegenüber Freunden tätigte, wie eine Veranschaulichung der Vorläufigkeit des irdischen Lebens, in dem man sich zu gerne einrichtet. So schreibt er 1946 an einen Marburger Schüler: »Unter den vielen Annehmlichkeiten unseres hiesigen Unterstandes (Löwith schrieb mir einmal, noch von Japan, herzliche Grüsse von Dach zu Dach) ist eine der wichtigsten, dass wir sie mit einer ganzen Anzahl von Schicksalsgenossen teilen, Emigranten der verschiedensten Kategorien. [...] Türken sind wir nicht geworden, nicht einmal rechtlich, jetzt sind wir wieder ›passlose Deutsche‹; alles ist provisorisch.«[140] Nicht zuletzt diese Erfahrungen bestärkten Auerbach, eine säkulare Variante der religiösen Idee des Exils zu entwickeln, auch wenn sein Denken diese Dimension schon seit der Dante-Studie enthielt. Sein methodisches Bekenntnis *Philologie der Weltliteratur* schließt entsprechend in Nähe und Distanz zum mittelalterlichen Glauben, der um der inneren Freiheit willen empfohlen hatte, die ganze Welt als Ort des Exils anzusehen: »Hugo meint das für den, dessen Ziel die Loslösung von der Liebe zur Welt ist. Doch auch für einen, der die rechte Liebe zur Welt gewinnen will, ist es ein guter Weg.«[141]

In dieser provisorischen Haltung, die bei ihm an den providentiellen Passionsgedanken geknüpft war, errang Auerbach sich mit der Zeit ein Publikum, das sein Werk als ungewöhnlich vieldeutig über den philologischen Betrieb hinaus schätzen lernte. Dabei bleibt die religiöse Grundierung seines literaturhistorischen und kulturphilosophischen

Denkens für die aufgeklärte Moderne im besten Sinne ein frag- und merkwürdiges Phänomen. Es ist – mit Nietzsche gesprochen – ein Skandal, wenn Auerbach meist implizit an die Dimension eines verborgenen Gottes und die Möglichkeit einer dunklen Vorsehung erinnert, die ihm zuerst in Vico wissenschaftlich vor Augen kam. Dass Vico, folgt man dem jungen Auerbach, in »prophetischer Einsamkeit« die *Neue Wissenschaft* entwarf,[142] zeugt von der besonderen Stellung, die sein Denken für ihn lebenslang besaß. Auch Dante und Montaigne, die auf andere Weise entscheidende Figuren im Selbstverständnis Auerbachs wurden, sah er ebenfalls als große Einsame, der eine im äußeren und der andere im inneren Exil ihrer Zeit.

Erich Auerbach lebte im akademischen Raum in einer Form des inneren Exils, ohne dies seine Kollegen zu sehr merken zu lassen. Denn alle philologische Gelehrtheit war ihm – existentiell betrachtet – weit weniger als der leitende Gedanke der religiösen wie säkularen Passion. Aber sie mit dem zeitgenössischen Pathos der Existenzphilosophie vorzutragen war nicht die Weise, wie Auerbach sich vom gelehrten Betrieb distanzierte. Vornehm verzichtete er in der Gestalt des romanischen Philologen darauf, seine religiös beeinflusste Botschaft einer künstlerischen wie kulturphilosophischen Synthese deutlicher zu verkünden. In seltener Klarheit gestand er dem schwedischen Literaturhistoriker Fredrik Böök, der eine ihn beeindruckende Rezension von *Mimesis* verfasst und seine »Parteilosigkeit« darin benannt hatte: »Andere Rezensenten haben schon versucht, mich für oder gegen den Katholizismus, Bolschewismus oder Existentialismus auszuspielen, was grundverkehrt ist. Die Katastrophen des letzten Jahrhunderts haben es bewirkt, dass ich nirgends hingehöre, und ich versuche, aus dieser Lage wenigstens eines zu gewinnen, innere Unabhängigkeit.«[143] Vor diesem Hintergrund kann Auerbach wohl mit dem Satz verstanden werden, den Nietzsche einmal im Blick auf den »freien Geist« prägte:

»Jeder tiefe Geist braucht eine Maske; mehr noch, um jeden tiefen Geist wächst fortwährend eine Maske.«[144]

Vielleicht war die schönste Maske, die Auerbach für seine lebens- wie religionsphilosophische Ernsthaftigkeit wählte, die Gestalt Montaignes. Der weltmännische wie einsame Denker des Vorläufigen, der sich nicht um die Vorsehung bekümmerte, konnte leicht unterschätzt werden, da er letzte Fragen scheinbar zu leicht nahm sowie widerstreitende und wechselnde Ansichten vertrat. Entsprechend beschließt Auerbach seine Besprechung von Hugo Friedrichs beeindruckender Montaigne-Studie in dezenter Ironie mit den Worten: »At the beginning of the first chapter, the author says that Montaigne does not belong to the greatest. If Montaigne could read these words, he would smile, and agree. He did not choose to be great. But can we, can Mr. Friedrich agree with Montaigne on this point? Is it not great to be the first one, perhaps, the only one to have taught us how to live on this real earth, without any conditions but those of life?«[145]

X.

Den Begriff der »vielfältigen Bewußtseinsspiegelung« prägte Erich Auerbach für moderne Schriftsteller und Philologen, deren Wahrnehmungen der Realität keinem einheitlichen Bild der Wirklichkeit mehr entsprächen.[146] Ihr Ursprung liegt nach *Mimesis* schon in den Anfängen des abendländischen Denkens im Alten Testament, das die rätselhafte Erfahrung des verborgenen Gottes schildert. Sein Wesen ist im äußeren Geschehen nur verhüllt zu erfahren. Das Leiden des Abraham, dem von Gott scheinbar abverlangt wird, den eigenen Sohn zu opfern, deutet die Abgründigkeit dieser Realität an. Im Neuen Testament steht die Passion Christi sinnbildlich für den verborgenen, in die letzte Erniedrigung verhüllten Sinn göttlicher Vorsehung. Und zuletzt sind es die »Katastrophen des letzten Jahrhunderts«, deren schlimmste gerade für Menschen jüdischer Herkunft alle Vorstellungskraft übersteigt. Sie bilden für den Autor von *Mimesis* eine verhüllte Leerstelle, vielleicht gespiegelt in der melancholischen Gestik einer Romanfigur Virginia Woolfs, deren auch psychopathologisch bedingter Suizid 1941 weltweit Resonanz erzeugte, als die Deutschen England zu erobern drohten.

Die Figuraldeutung als durchgängiges Verständnis der verhüllten Wirklichkeit ist von den biblischen Geschichten bis in ihre säkularen Fortführungen hinein nicht nur eine Geschichte des Leidens, sondern ebenso eine Demonstration möglicher Freiheit. Diese liegt vor allem darin, in der zwischen Widerstand und Ergebung sich bewegenden Deutung der Realität die Offenheit zu bewahren, den Vordergrund nicht allein entscheidend sein zu lassen. Vielmehr ist man herausgefordert, sich einen Hintergrund vorzustellen, angesichts dessen alles neu und anders erscheinen kann, ohne dass letzte Gewissheit diese Ansicht erfüllen könnte. Diese elastische Offenheit des Menschen, der die Idee Gottes und seiner Vorsehung bis in die Verhüllung tiefster Leiden nicht aufgibt, ist das Geheimnis der literaturhistorischen Synthesen, die Erich Auerbach als moderner Philologe jüdischer Herkunft und christlicher Orientierung bietet. Seine Interpretationen von der Bibel bis hin zu Virginia Woolf zeugen vom schwer errungenen Gut innerer Freiheit. Ihr Spiegel ist die Vorsicht, mit der Auerbach die Figuren der Passion zu beschreiben suchte, ohne ihnen eine präformierte Moral der Geschichte aufzudrängen. Deshalb bleibt seine Deutung der Geschichte bei aller Konkretheit seines Ansatzes vieldeutig und überlässt es dem Einzelnen, wie er sein konkretes Leben und dessen verhüllten Sinn zu verstehen sucht. Jeder Mensch verhält sich in diesem Sinne unmittelbar zu Gott, selbst in säkularer Gestalt.

Eindrücklich sind diese Zusammenhänge in »Figura« reflektiert, dem methodischen Essay der frühen Istanbuler Jahre. Darin unterstrich Auerbach die produktive Vagheit der figuralen Deutungstradition geschichtlicher Realitäten für das Alte und Neue Testament, die man als Leser in die Jetztzeit verlängern kann: »So bleibt das Geschehen in all seiner sinnlichen Kraft doch immer Gleichnis, verhüllt und deutungsbedürftig, wenn auch die allgemeine Richtung der Deutung durch den Glauben gegeben ist. Auf diese Weise gelangt das jeweilige Weltgeschehen nicht zu der praktischen Endgültigkeit, welche sowohl der naiven wie der modern-wissenschaftlichen Auffassung von der vollzogenen Tatsache innewohnt, sondern es bleibt offen und fraglich, weist auf etwas noch Verhülltes und die Stellung des lebenden Menschen zu ihm ist die des Geprüften, Hoffenden, Gläubigen und Wartenden.«[147]

Von daher ist am Ende dieser biographischen Skizze auch der Bogen zurück zu schlagen zu den gedanklichen Anfängen von Erich Auerbach, als der junge Philologe in Greifswald über *Die Technik der Novelle der Frührenaissance* schrieb und in der Promotion unter anderem Bocaccios Novellen-Zyklus *Decamerone* heranzog.[148] Zu diesem gehört auch jener Text, den Gotthold Ephraim Lessing als Ringparabel verwandelt ins gedankliche Zentrum von *Nathan der Weise* stellte. Es ist ein Werk, in dem der Gedanke der Verhüllung der religiösen Identität aus guten Gründen so prominent ist wie die Rechtfertigung eines inneren Lebens, das von gläubiger Rechtschaffenheit und Ergebung in die göttliche Vorsehung angesichts einer in Unglück gehüllten Wirklichkeit zeugt. Und vielleicht ist es im Blick auf Lessings Würdigung der drei großen Monotheismen kein Zufall, dass am Eingang von *Mimesis* mit der Opferung des Isaak eine Szene steht, die für alle drei abrahamitischen Religionen gleichermaßen eine genealogisch zentrale Rolle einnimmt. Istanbul ließ Auerbach die religiöse Praxis des Islam anschaulich werden, die mit dem Gedanken des Opfertieres dem jüdischen Pessach und dem christlichen Abendmahl äußerlich nahekam, jenen Festen, die in »Figura« als zentralem Ausdruck figuralen Denkens benannt waren. So könnte zu der Zeit, als der Philologe am Bosporus seine methodische Reflexion schrieb, der religionshistorische Vergleich, gesättigt von älterer und jüngster biographischer Anschauung, in seine Überlegungen eingeflossen sein.

Auerbachs Intention war es jedoch nicht, das gleiche Recht aller Religionen zu demonstrieren, wenn der Richter in der Ringparabel die überzeugende Lebensführung als alleiniges Kriterium der Echtheit des jeweiligen Ringes fordert. Vielmehr wollte er die christliche Figuraldeutung in ihrer zunehmend universalen Bedeutung als Fortschritt gegenüber den jüdischen Vorstellungen hervorheben. Diese betrifft, folgt man *Mimesis,* zuletzt auch die Verwandlung in säkulare Figuren der Passion, die in ihrer Vielschichtigkeit keineswegs mehr von konfessionellen Sicherheiten getragen sind. Sie halten aber gleichermaßen an der Leidenschaft fest, die verhüllte, verdunkelte Providenz durch die Gesinnung des rechtschaffenen und duldenden Menschen der Moderne zu bezeugen.

Man könnte die Bedeutung dieser abendländischen Literaturhistorie darin sehen, den religiösen Gedanken der Vorsehung, den Lessing schon in *Die Erziehung des Menschengeschlechts* unabhängig von vordergründig religiösen Riten und Gesetzen in einer tieferen Ergebenheit in den Willen Gottes formuliert hatte, so weiterzuführen, dass nun auch derjenige, der aufgrund seiner religiösen Skepsis keinen Glauben im eigentlichen Sinne mehr als Suchender besitzt, als ebenbürtige Figur in den Kreis der religiös Suchenden aufgenommen wird und für Auerbach zweifellos als primus inter pares gilt. Für dies Verständnis spricht, dass Auerbach – wie Lessing vor ihm – im Religionskritiker Spinoza eine Orientierung fand. Dieser entfaltete den Gedanken des Unbedingten im

Kontrast zu allen vorläufigen Vorstellungen, die in verfassten Religionen rasch zu dogmatischen Formeln gerinnen konnten und derart dem Einzelnen die innere Unabhängigkeit raubten, eigene letzte Gedanken zu entfalten, wie Spinoza es gegen die jüdische Gemeinde in Amsterdam standhaft reklamiert hatte. Lessing hatte, nicht fern davon, gegen christliche Verleumdungen zu kämpfen, die ihn und andere unabhängige Köpfe gerne unter dem vordergründigen Begriff »Spinozismus« des Atheismus und des Nihilismus ziehen. Den dogmatisch gesicherten Gemeinschaften war es kaum möglich, eine tiefere Religiosität anzuerkennen, die persönliche Vorstellungen des Religiösen als wandel- und fehlbare Gestalten menschlichen Sehens betrachtet. In diesem Geist heißt es in Auerbachs früher »Vorrede« zu seiner Übersetzung Vicos, der sich gegen den rationalen Dogmatismus der wissenschaftlichen Gemeinschaft seiner Zeit abgesetzt hatte, voller Bewunderung: »[E]r betrachtete Gott, und nicht die Menschen, und in der Neuen Wissenschaft weht der eisige und doch zugleich leidenschaftliche Atem des Unbedingten, Voraussetzungslosen; es ist die Luft der Spinoza und Leibniz.«[149]

Die »Tyrannei des einen Rings«, gegen die Lessing mit dem Rekurs auf Bocaccios Novelle angeschrieben hatte, empfand wohl auch der junge Philologen Erich Auerbach, der für sich den Traum einer möglichen Assimilation in eine kosmopolitisch orientierte Gesellschaft eines säkularisierten Christentums zu erfüllen suchte. In deren Anfängen hatte der Aufklärer Lessing gegen die christliche Tendenz zur konfessionellen Ausschließlichkeit in der Maske seiner »theatral'schen Schnurre« *Nathan der Weise* die vernünftige Religion des Juden Nathan sprechen lassen: »Ich weiß, [...] Daß alle Länder gute Menschen tragen.«[150] Und dessen Tochter Recha, die sich über die fünf Akte langsam als Christin entpuppt, beklagt entsprechend geläutert die »Schwärmerinnen, die / Den allgemeinen, einzig wahren Weg / Nach

Gott zu wissen wähnen.«[151] Und zuletzt ist es Saladin, der tiefsinnige Sultan, der Worte spricht, die Erich Auerbach nahe gewesen sein müssen, seit er mit seiner Doktorarbeit implizit im Zeichen Lessings seinen Weg als Philologe der Weltliteratur angetreten hatte, nach der inneren Freiheit des Menschen suchend, der sich in der verhüllten Wirklichkeit orientieren muss: »Ich habe nie verlangt, / Daß allen Bäumen Eine Rinde wachse.«[152]

»Alles ist provisorisch.«
Karl Löwith als Schicksalsgefährte

> Wenn hat, und wo die fromme Raserei,
> Den bessern Gott zu haben, diesen bessern,
> Der ganzen Welt als besten aufzudringen,
> In ihrer schwärzesten Gestalt sich mehr
> Gezeigt, als hier, als itzt? Wem hier, wem itzt
> Die Schuppen nicht vom Auge fallen –
> G. E. Lessing

I.

Erich Auerbach und Karl Löwith entstammen assimilierten Familien des jüdischen Großbürgertums Berlins und Münchens. Die beiden lernten sich kennen, als sie Ende der zwanziger Jahre an der Universität Marburg Privatdozenten der Romanistik und Philosophie waren.[1] Sie teilten das »ganze Elend des Zwanges zur Emigration«, wie Löwith schrieb, als er nach zwei Jahren römischen Exils im Herbst 1936 Richtung Japan aufbrach, um eine Professur in Sendai zu übernehmen.[2] Man könnte sie mit Siegfried Kracauer »Schicksalsgefährten« nennen.

Zu dieser Zeit folgte Auerbach einem Ruf an die neu gegründete Universität Istanbul, nachdem er vergeblich gehofft hatte, in Marburg bleiben zu können.[3] Seinen türkischen Wohnsitz nannte der Romanist nach Kriegsende erleichtert und zugleich ironisch den »hiesigen Unterstand«, eine Grußformel anfügend, die Löwith in einem Brief aus Sendai verwandte: »herzliche Grüße von Dach zu Dach.« Für Auerbach verband sich mit dem Exil das Moment des Vorläufigen, das sich über die staatliche Zugehörigkeit hinaus in der gesamten Lebensführung ausdrückte: »Türken sind wir nicht geworden, nicht einmal rechtlich, jetzt sind wir wieder

›passlose Deutsche‹; alles ist provisorisch.«[4] Der Satz lässt ahnen, dass die besondere Grenzsituation des aufgenötigten Exils seine Wahrnehmung für die allgemeine Bedingung des Vorläufigen verschärfte, unter der für ihn alles historische Leben der Menschen stand.

Das provisorische Denken prägt ebenso die Art, wie Auerbach Literaturhistorie betreibt. Seine Forschung erfolgt im Horizont eines kulturell begrenzten und veränderlichen Standortes: »Man lernt allmählich, in den geschichtlichen Formen selbst die elastischen, immer nur provisorischen Ordnungskategorien zu finden, derer man bedarf.«[5] Die Wertstandpunkte stellen demnach wandelbare, vorläufige Gebilde dar, deren jeweilige Kontur von der Konstellation abhängt, die kulturelles Herkommen, historische Umstände und persönliche Lebenssituation bilden. Geistesgeschichtlich gehört Auerbach in die Tradition des deutschen Historismus, der im Anschluss an Goethe, Herder und die Romantik den perspektivischen und subjektiven Sinn als Grundlage allen historischen Verstehens entwickelte. Die Literatur, sei sie erzählend oder geschichtsschreibend, bildet das ideale Gefäß, um die geschichtliche Wirklichkeit in ihren konkreten Details zu erfassen und anschaulich zu deuten.

Gegen die Vorstellung des subjektiven und historisch vorläufigen Standortes verwahrt sich Karl Löwith als Philosoph. Das Ethos des historischen Verstehens gebietet ihm, asketisch seine Erkenntnisinteressen zurückzuhalten. Sie erscheinen Löwith als Gefahr, die philosophische Optik durch individuelle Wünschbarkeiten zu verzerren. Am Ende seines wissenschaftlichen Lebens vertritt Löwith die Idee des absichtslosen Schauens, das sich auf die Welt der natürlichen Notwendigkeit konzentriert. Die sich wandelnde, geschichtliche Welt verdient nicht die Aufmerksamkeit des selbstlosen Betrachters; sie ist verunreinigt von menschlichen Interessen.

Für Auerbach stellt der biographische Aspekt des Verstehens kein zu vermeidendes Übel dar, sondern er ist die unumgängliche Folge der historischen und kulturellen Prägung des Menschen. Hingegen unterliegt für ihn der Versuch, scheinbare Interesselosigkeit zu erreichen, der Gefahr, unwissentlich subjektive Sichtweisen zu verfolgen: »In vielen gelehrten Schriften findet man eine Art Objektivität, in der, dem Verfasser völlig unbewusst, moderne Urteile und Vorurteile [...] aus jeder Satzbildung sprechen.«[6] Der reflektierte Standort gehört für ihn zur wissenschaftlichen Untersuchung der Geistesgeschichte, ist der Forschungsblick doch durch des »Sehenden persönliche Herkunft, Geschichte und Bildung bestimmt.« In diesem Sinne schreibt Auerbach über sein Hauptwerk, eine literaturhistorische Untersuchung des abendländischen Realismus, die in einzelnen Kapiteln Autoren von Homer bis Virginia Woolf exemplarisch auslegt: »Mimesis ist ganz bewusst ein Buch, das ein bestimmter Mensch, in einer bestimmten Lage, zu Anfang der vierziger Jahre geschrieben hat.«[7]

Tatsächlich ist schon die formale Eigenart von Auerbachs Hauptwerk *Mimesis. Dargestellte Wirklichkeit in der abendländischen Literatur* eng mit der konkreten Situation des Istanbuler Exils, dem Fehlen von Büchern, verbunden. Er reflektiert selbst die Not der türkischen Bibliotheksverhältnisse und wendet sie im Nachwort des Buches zur Tugend eines freieren Schreibens: »Hätte ich versuchen können, mich über alles zu informieren, was über so viele Gegenstände gearbeitet worden ist, so wäre ich vielleicht nicht mehr zum Schreiben gekommen.«[8] Thematisch zeigt sich die biographische Signatur des Exils darin, dass die Erfahrung von sozialer Desillusionierung und Marginalisierung vielfach die Perspektive der Realismusanalyse bildet; besonders tritt sie in der Untersuchung der Korrelation von Werk und Person Stendhals zu Tage.

Das für Auerbachs Einstellung markante provisorische Denken zeigt sich im Kapitel über Montaigne, dem zweiten Höhepunkt des Buches, in einer detaillierten Skizze, die nicht nur über den Verfasser der *Essais* Auskunft gibt. Die Analysen der beiden französischen Realisten demonstrieren eindrücklich sein methodisches Credo, die Schriften eines Autors nicht nur historisch-kritisch zu verstehen, sondern zudem zu fragen, »was sie für mich und uns, hier und jetzt bedeuten«. Die existentielle Zuspitzung des Erkenntnisinteresses bezeichnet Auerbach als einen dialektisch-dramatischen Vorgang«;[9] er bewahre die rein philologische Arbeit davor, zur philisterhaften Anhäufung von Bildungswissen zu führen, nach Nietzsches Historienschrift eine zentrale Gefahr des bürgerlich-wissenschaftlichen Zeitalters.[10]

Ein zweites Moment, das den Vergleich zwischen Auerbach und Löwith interessant macht, ist ihre unterschiedliche Stellung zu den beiden ideenhistorischen Wurzeln des abendländischen Realismus. Anders als der Philosoph, der die griechisch-römische Antike hochschätzt und den Einbruch des christlichen Denkens gleich dem späten Nietzsche als fatale Entwicklung für das Menschen- und Geschichtsbild betrachtet, unterstreicht der Romanist in *Mimesis* die entscheidende Bedeutung, die der jüdisch-christliche Passionsgedanke für die Entwicklung des modernen Wirklichkeitsverständnisses besitze. Ohne seinen »radikalen Relativismus« als Haltung zu verleugnen,[11] kann Auerbach der christlichen Tradition das Verdienst einräumen, den gewissenhaften und von keinen Standesvorurteilen geprägten Realismus der Moderne ideenhistorisch begründet zu haben.

In der von Hans-Georg Gadamer herausgegebenen *Philosophischen Rundschau* nahm der Rezensent das »beunruhigende Zwielicht« genau wahr, das von *Mimesis* als »christologischer Literaturgeschichte« ausgehe. Seinem Blick entging nicht die »Destruktion«, welche die eigenwillige Interpretation der »Geschichte Christi« für die antike Tradition und ihren vornehmen Habitus bedeutete.[12] Die briefliche Auseinandersetzung, die Auerbach mit Löwith über die Möglichkeit eines »christlichen Gentleman« führte, beruht auf dieser Spannung.[13] Sie steht nach einer einführenden Analyse von *Mimesis* im Zentrum dieser Studie, bevor abschließend Auerbachs biographisches und provisorisches Denken im Spiegel seiner Untersuchungen zu Stendhal und Montaigne zur Darstellung kommt.

II.

Schon vor den akademischen Anfängen in Marburg interessierte sich Auerbach für den abendländischen Realismus. Sein Buch *Dante als Dichter der irdischen Welt* ebnete ihm den Weg an die Universität in Marburg. Die Studie zu Dantes christlichem Realismus geht von Platons kritischem Begriff der Mimesis aus, der »Nachahmung des wirklichen Lebens«.[14] Im zehnten Kapitel seines Buches über den idealen Staat setzt dieser die Künstler im Vergleich zu den Philosophen herab, da Maler oder Dichter für ihn nicht an den tieferen Ideen hinter den Erscheinungen des Wirklichen interessiert sind, sondern den Menschen allein mit dessen suggestiv schöner Nachahmung bezaubern wollten. Man könnte meinen, dass Auerbach als Literaturwissenschaftler sich von dieser Sichtweise befremdet zeigte. Jedoch schätzt er, dass Platon durch die Hervorhebung der Ideen, die zur Deutung der vorfindlichen Erscheinungen notwendig seien, der künstlerischen Nachahmung der Wirklichkeit eine Aufgabe stellt, die über die naive Abbildung hinausgeht und es ermöglicht, der Oberfläche des historischen Geschehens eine perspektivische Tiefenstruktur zu verleihen: »Gerade [Platon] hat den Abgrund zwischen Dichtung und Philosophie überbrückt. […] seine Lehre gab den Dichtern auf, philosophisch zu dichten, nicht nur im Sinne einer Unterweisung, sondern in dem Bestreben, durch die Nachahmung der Erscheinung zu ihrem wahren Wesen, und zum Ausdruck ihrer Teilhaftigkeit am Schönen der Idee vorzudringen.«[15]

Folgt man dem ideenhistorischen Abriss des Dante-Buches, stellt sich Aristoteles, der bekannteste Schüler Platons, besonders im Blick auf die tragische Kunst systematisch dieser Aufgabe, die dichterische Nachahmung der Realität begrifflich zu gestalten. Diese Rehabilitierung der künstlerischen Mimesis geht allerdings mit der Gefahr einher, die zufälligen und verworrenen Elemente im Geschichtsverlauf auszuscheiden, so dass in der sinnträchtigen Verdichtung das historische Ereignis verlorenzugehen droht. Nach Auerbach macht das aufkommende Christentum in der Passionsgeschichte gerade das unvernünftige und verworrene Geschehen zum Mittelpunkt seines neuen Realismus. Die literarische Nachahmung ändert ihr Gesicht grundsätzlich, indem das historische Geschehen einen Wert erhält, der über den Ausdruck der Ideen hinausgeht: »Die Geschichte Christi ist mehr als die Parusie des Logos, mehr als die Erscheinung der Idee. Sie ist zugleich die Unterwerfung der Idee unter die Fragwürdigkeit und verzweiflungsvolle Widerrechtlichkeit des irdischen Geschehens.«[16]

Als über ein Jahrzehnt nach *Dante als Dichter der irdischen Welt* im Istanbuler Exil mit *Mimesis* die umfassende Studie zum Realismus in der abendländischen Literatur entsteht, knüpft Auerbach wiederum an Platons Kritik der dichterischen Nachahmung an. Der Romanist übernimmt vordergründig die einseitige Abwertung der Dichter, indem er sich der harschen Sicht auf die homerischen Epen anschließt. Wenn Platon dem epischen Dichter Homer vorwirft, seine nachahmende Dichtung sei rein vordergründig, berühre nicht die »Wahrheit« und »bezaubere« stattdessen die Menschen,[17] heißt es entsprechend im ersten Kapitel von *Mimesis*: »Die homerischen Gedichte [...] sind doch in ihrem Bild vom Menschen vergleichsweise einfach; und so bezaubern sie uns und schmeicheln sich bei uns ein, so daß wir in der Wirklichkeit ihres Lebens mitleben – es ist, solange wir diese Gedichte hören oder lesen, ganz gleichgültig, ob wir wissen, daß alles nur Sage, daß alles ›erlogen‹ ist.«[18] Auerbach teilt das von Platon an Homer gezogene Resümee, dass die dichterische Nachahmung bloßes Spiel und kein Ernst sei.

Später gestand er den altphilologischen Kritiken zu, in *Mimesis* Homer zu vordergründig dargestellt zu haben, um die Problemstellung seines Werkes zu unterstreichen.[19] Denn Auerbachs Interesse war es, die jüdische Tradition der Geschichtsschreibung als ernste Alternative zu Homers spielerischer Nachahmung der Wirklichkeit anzuführen, um den platonischen Vorwurf, die Dichter seien ästhetisch unverbindlich, zu entkräften: »Das alles ist ganz anders in den biblischen Geschichten. Der sinnliche Zauber ist nicht ihre Absicht, und wenn sie trotzdem auch im Sinnlichen sehr lebensvoll wirken, so geschieht dies, weil die ethischen, religiösen, innerlichen Vorgänge, auf die allein sie es absehen, sich im sinnlichen Material des Lebens konkretisieren. Die religiöse Absicht bedingt aber einen absoluten Anspruch auf geschichtliche Wahrheit.[20] Die ethisch verbindliche Lebensdeutung der alttestamentlichen Geschichten beruht nach Auerbach auf dem Anspruch, dass die alltägliche Wirklichkeit immer unter dem Blickwinkel des göttlichen Willens gesehen wird, während die homerischen Ereignisse ohne diese »gemeinsame vertikale Bindung« als »horizontal unverbundene« Erzählungen dastehen: »Das ständig bohrende, ständig in Konflikten sich auseinandersetzende Verhältnis zu einem einzigen, verborgenen und doch erscheinenden Gott, welcher verheißend und fordernd die Weltgeschichte lenkt, verleiht den Erzählungen des Alten Testaments eine ganz andere Perspektive, als sie Homer besitzen kann.«[21] Die ernsthaften Geschichten der Bibel können, folgt man dieser Apologie der Dichtung, als ethisch verbindliche Geschichtsschreibung Platons ideellem Anspruch an die Dichtung genügen und sich damit als nützlich für die Lebensführung rechtfertigen. Der Philosoph hätte sie, folgt man Auerbach, nicht wie die griechischen Sagen verurteilt.

Platon knüpft an seine Kritik Homers und der tragischen Dichter den weiterführenden Aspekt, dass ihre suggestiven Schilderungen des menschlichen »Leidens« das affektive »Mitleiden« bei den Lesern weckten. Aufgrund des Ideals, seine Affekte zu kontrollieren und ihnen nicht im öffentlichen Raum freien Lauf zu lassen, lehnt der Philosoph diese Wirkung ab, den Dichtern vorwerfend, ihre Literatur führe nur zur »Wehleidigkeit«.[22] So wundert es kaum, dass im *Staat* die dichterische Nachahmung der menschlichen Passionen kategorisch verworfen und ihre vernünftige Kontrolle als Ideal gepriesen wird: »[Die Dichtung] nährt und begießt das, was doch absterben sollte, und macht das zum Herrscher über uns, was doch beherrscht werden sollte, damit wir besser und glücklicher und nicht schlechter und unglücklicher werden.«[23]

An dieser Stelle stimmt Auerbach nicht mit Platon überein. Schon das Eingangskapitel von *Mimesis* erweitert die Perspektive des Alten Testamentes, die von Leidensgeschichten und menschlichen Affekten erfüllt ist, im Blick auf das Neue Testament und die Passionsgeschichte Christi. Sie bildete in christlicher Sichtweise die endgültige Zuspitzung von geschichtlicher »Erniedrigung und Erhöhung« des Menschen, verdichtet im Extrem der Kreuzigung und Auferstehung Jesu. Nicht die vernünftige Ferne vom Leiden und Mitleiden, sondern die Torheit des Kreuzes, wie der Heidenapostel Paulus es der griechischen Gemeinde in Korinth verkündete, ist der Weg zur Wahrheit. Die platonische Antithese von den Erscheinungen der Welt und dem Sein der Ideen ist in der Fleischwerdung des göttlichen Logos, mit der das Johannes-Evangelium einsetzt, synthetisch aufgehoben. Die Passion Jesu wird in der Deutung der frühen Kirche zur christlichen Wahrheit, die im eigenen Leben abgemildert nachzuahmen Kern des Glaubens ist. So erhalten die sinnlich dargestellten Passionen, die nach Platon in der griechischen Literatur nur vom vernünftigen Leben ablenken, in der christlichen

Literatur einen neuen, anderen Sinn. Das Leiden Christi ruft den Menschen auf, sein ganzes Leben dem göttlichen Anspruch zu unterstellen. Schon im Dante-Buch hieß es: »Hingabe an das Geschick, Unterwerfung unter das Leiden der Kreatur ist als Buße und Prüfung christliche Pflicht.«[24] Während Platons abstrahierende Ideenlehre die konkreten Erscheinungen nur als abhängiges Phänomen ernst nahm, gaben vor allem die frühchristlichen Deutungen der Passionsgeschichte Christi der kreatürlichen Wirklichkeit ihren gleichwertigen Rang neben dem göttlichen Logos.

Platon wirft den Dichtern zudem vor, sie legten dem irdischen Leben einen viel zu hohen Wert bei, vergleiche man dieses mit der ewigen Welt, die für die menschliche Seele maßgeblich sei. Rhetorisch fragt im *Staat* der platonische Sokrates seinen Schüler: »Glaubst du nun, ein unsterbliches Wesen soll um einer so kurzen Zeit willen ernst gemacht haben, nicht aber für die ganze Zeit?«[25] Wie die Vorbehalte gegenüber den dichterischen Passionen übernimmt Auerbach auch dieses Urteil Platons nicht, sondern weist – zuerst in *Dante als Dichter der irdischen Welt* – auf die literarische Tradition des frühen Christentums hin, das nach Paulus besonders im Kirchenvater Augustin einen Glauben vertrat, der um des ewigen Heiles willen die alltägliche Lebensführung mit höchster Aufmerksamkeit bedachte und sprachlich verdichtete: »Das Erdenleben erhält eine ganz unantikische, maßlose und schmerzhafte Intensität, weil es zugleich die Verklammerung mit dem Bösen ist und die Grundlage bildet für den einmaligen Richterspruch Gottes.«[26] Die heilsgeschichtlich begründete »Intensität« allen Handelns faszinierte Auerbach als geschichtliche Deutungskraft, die das historische Leben bis in die einfachsten Realitäten zu etwas Besonderem und literarisch Nachahmenswertem machte. Auerbachs *Mimesis* entwickelt diese Sichtweise systematisch weiter und zeigt, welche Wandlungen die christliche Wirklichkeitsdeutung bis in den modernen Realismus durchlief.

III.

Nach der großen Resonanz, die das Erscheinen von *Mimesis* 1946 ausgelöst hatte, durfte Auerbach es riskieren, ohne sichere Berufsaussichten vom Bosporus an die amerikanische Ostküste zu gehen. Dort schrieb er in den Jahren 1948 und 1953 die beiden Briefe, die uns als einzige Dokumente seines Austausches mit Löwith erhalten geblieben sind. Auch Löwith fasste in den Vereinigten Staaten Fuß, noch bevor Pearl Harbor den Weg von Japan abschnitt. 1952 übernahm er, anders als Auerbach, der bis zu seinem frühen Tod 1957 in Yale lehrte, wieder ein deutsches Ordinariat in Heidelberg.

Der erste Brief kommentiert ausführlich Löwiths Aufsatz »Der christliche Gentleman. Über die Schizophrenie eines gesellschaftlichen Ideals.«[27] Darin geht der exilierte Philosoph auf Distanz zur spannungsreichen Vermittlung von christlichem und antikem Denken, die Auerbach in seinen Arbeiten fasziniert verfolgte. Das zweite Schreiben reagiert wesentlich knapper auf den von Löwith übersandten Essay »Heidegger – Denker in dürftiger Zeit«, der ob der polemischen Kritik zur jahrelangen Verstimmung mit seinem Lehrer geführt hatte.[28] Auerbach antwortet: »Ob Sie überall recht haben, weiss ich nicht, aber in der Hauptsache gewiss. Mir ist die ganze Heidegger-Atmosphäre wieder lebendig geworden. Was für ein grossartiger Mann! Aber ich bin doch froh, dass ich ihm nicht in die Hände gefallen bin, als ich jung war.«[29]

Hingegen war Karl Löwith einer der ersten Schüler Heideggers. Schon sein autobiographischer Bericht *Mein Leben in Deutschland vor und nach 1933*, während des ersten Kriegsjahres im japanischen Exil geschrieben, distanziert sich mit respektvoller Schärfe vom »eigentlichen Lehrer« und von den Wandlungen seines Denkens. In *Sein und Zeit*[30] hatte Heidegger sich zur »nackten Entschlossenheit vor dem Nichts« bekannt, ohne jedoch zu verdeutlichen, welche Richtung der menschliche Wille nehmen solle. Bitter ironisierend zitiert Löwith in dem Lebensrückblick einen vor 1933 unter Philosophiestudenten kursierenden Witz: »›Ich bin entschlossen, nur weiß ich nicht wozu.‹«[31] Nachdem Heidegger die existenziale Entschlossenheit angesichts des gescheiterten Rektorats wieder aufgegeben hatte, predigte er die seinsgeschichtliche Gelassenheit, gegründet in der tiefen Hoffnung auf das noch verborgene, aber sich enthüllende Sein. Später tat Heidegger alles, um diese »Kehre« seines Denkens, die markante Wendung von der existentialen Entschlossenheit hin zur seinsgeschichtlichen Gelassenheit, in die Zeit vor Hitlers Machtergreifung rückzudatieren.[32]

Jedoch kannte Löwith – nicht zuletzt durch seine amerikanischen Jahre am Theological Seminary in Hartford – die kirchenhistorischen Bezüge gut genug, um seinem Lehrer den Spiegel vorhalten zu können. Sein Vorwurf ging dahin, dass die Wende in Heideggers Denken auch historisch bedingt sei und eine Reaktion auf die politische Desillusionierung darstelle. Löwith zog damit die postulierte Unabhängigkeit des sich selbst entbergenden Seins, das Heideggers Denken immer enger umkreiste, in Zweifel: »Die allgemeine Not unserer dürftigen Zeit hat wohl ein jeder mehr oder minder erfahren. [...] Wohl kann oder muß man die Frage aufwerfen, ob eine geschichtliche Not, wie groß und bedrängend auch immer sie sei, der wesentliche Beweggrund einer philosophischen Besinnung auf das Wesen des Seins und der Wahrheit sein kann.« Skeptisch gegenüber der christlichen Quelle von Heideggers zuversichtlich hoffender Ausflucht in das zukünftige Kommen des Seins heißt es weiter: »Kein klassischer Philosoph hat die Besinnung auf das wahre Wesen des Seins als eine Vorbereitung der Ankunft des Seins und der zukünftigen Geschichte in Anspruch genommen. Der historische Futurismus ist erst durch die christliche Eschatologie möglich geworden.«[33]

Systematisch entwickelt hatte Löwith den kritischen Blick unter den amerikanischen Theologen, als er seine Studie

Weltgeschichte und Heilsgeschehen schrieb. Sie fragt ideenhistorisch nach den christlichen Wurzeln der modernen Heilslehren, seien sie natur- oder geisteswissenschaftlicher Art. In jedem Fall war ihm das utopische Element immer verdächtiges Zeichen für den wissentlichen oder unwissentlichen Einfluss der christlichen Tradition, die das antike Denken des ewigen Kosmos verdrängt hatte. In Auslegung von Augustin weist Löwith darauf hin, dass mit dem antiken Bild vom »Kreis« und dem ihm folgenden Symbol des christlichen »Kreuzes« gegensätzliche Geschichtsmodelle verbunden seien: »Der Kreis, nach Ansicht der Alten die einzig vollkommene, weil in sich selbst beschlossene Bewegung, ist zwecklos und verwerflich, wenn das Kreuz das Sinnbild des Lebens ist und dessen Sinn in einem Ziel zur Erfüllung kommt.«[34]

Ganz anders Auerbach: Seit dem frühen Dante-Buch, in dem er das »Fragwürdige, Unharmonische und Quälende« in der Passion Jesu betont,[35] prägt das christliche Leidensmotiv sein Erkenntnisinteresse. Der in Istanbul entstandene und 1941 in den USA publizierte Aufsatz »Passio als Leidenschaft« entwickelt den Leidensgedanken systematisch, vom ideenhistorischen Spannungsfeld ausgehend, das in Augustinus beidseitiger Affinität zu Antike und Christentum seinen stärksten Ausdruck findet. Obwohl der Kirchenvater die stoische Herrschaft über die »passiones« als Ethos schätzt, gilt ihm die »Ruhe des Weisen« nicht als Ziel. Auerbach resümiert: »Stoische und christliche Weltflucht sind tief verschieden. Nicht den Nullpunkt der Leidenschaftslosigkeit außerhalb der Welt, sondern das Gegenleiden, das leidenschaftliche Leiden in der Welt und damit auch gegen die Welt ist das Ziel christlicher Weltfeindschaft.«[36]

Die Geschichte von Christi Leiden, Sterben und Auferstehung bildet das zentrale Motiv der christlichen Deutungskunst, deren zeitlicher Struktur Auerbach in den Istanbuler Jahren unter dem Titel »Figura« eine eingehende Untersuchung widmet. Die Figuraldeutung legt die alttestamentlichen Geschichten als Vorläufer des kommenden Evangeliums aus, und die Zukunft der Gläubigen wird ebenso im Blick auf die Passion Jesu verstanden. Deshalb besitzt das rituelle Abendmahl, das die Leidensgeschichte verdichtet und zugleich an den Bund erinnert, den Gott mit dem Volk Israel im Passahmahl schloss, als figurales Deutungsmotiv seit der frühchristlichen Praxis eine prominente Stellung: »[Es] zeigt aufs reinste zugleich das sinnlich Gegenwärtige, das verhüllt Vorläufige und das von Anbeginn Jederzeitliche.«[37] Der Mensch versteht sich im Ertragen der Geschichte gleichzeitig mit der Passion Christi, auch wenn die empfundene Gemeinschaft mit dem Inkarnierten immer nur gedeutetes Gleichnis bleibt und der Anbruch des »wahren Gottesreiches« aussteht. Auerbach spricht von der »Vorläufigkeit des Geschehens«, das mit der Spannung des »Geprüften, Hoffenden, Gläubigen und Wartenden« verbunden ist.[38] Vom christlichen Provisorium unterscheidet er das weltliche Verständnis des Vorläufigen. Dieses relativiert die historische Abfolge und Verkettung der einzelnen Ereignisse nicht wie der christliche Glauben durch die vertikale Figuraldeutung; das Vorläufige ist ein fortschreitendes Provisorium von sich ablösenden Deutungen und steht perspektivisch unter dem Horizont der vergehenden Zeit.[39]

IV.

Nietzsche hat als Erster darauf hingewiesen, dass die christliche Deutungskultur nicht nur den provisorischen Charakter des modernen Denkens durch ihre ethische Intensität anstieß. Zudem führte das Christentum den Gedanken der menschlichen Gleichheit ins historische Bewusstsein ein und inspirierte so die demokratischen und sozialistischen Bewegungen der Moderne. Seine späte, erst posthum veröffentlichte Schrift *Der Antichrist. Fluch auf das Christenthum* ist ein Fanal, geschrieben gegen die Gleichberechtigung und -behandlung, die die Niedrigen von den Vornehmen in der Folge des Christentums erwarten dürfen.[40] Die ablehnende Haltung, welche Löwith gegenüber dem Christentum einnahm, basiert nicht zuletzt auf diesem aristokratischen Ressentiment. Sein Aufsatz »Der christliche Gentleman. Über die Schizophrenie eines gesellschaftlichen Ideals«, erschienen im Frühsommer 1948 an der Yale University, nennt Nietzsches Schrift als Hintergrund der Gedankenführung und gibt in diesem Sinne die Sympathie mit der Klasse der gesellschaftlich Privilegierten, der Vornehmen, zu erkennen. Vehement beruft er sich auf Nietzsches Kritik der christlichen »Sklavenmoral«, welche über dem Geist der Demut die vornehme Haltung zerstöre.[41]

Auch Platons ständisches Staatsideal steht dem Denken Löwiths ausdrücklich Pate. Er spricht vom »Verhängnis der christlichen Ethik«, deren »extreme Forderungen nach Liebe, Demut und Selbstaufopferung« mit der antiken Vornehmheit des »Wohlerzogenen« nicht übereingingen. Das ständische Leben, die undurchdringlichen Schranken der Klassen, wie Platon sie, verbunden mit dienenden Rollen der Niederen, vorsieht, schätzt Löwith als vergangenes und wieder anzustrebendes Ideal.[42] Sein Blick auf die Person Jesu ist ablehnend und entspricht der Weise, wie nach Auerbach die römischen Patrizier auf das frühe Christentum reagierten: »Seine Botschaft war radikal und für einen dezenten Römer schockierend.« Nüchtern konstatiert Löwith: »Der ›christliche Gentleman‹ ist ein Widerspruch in sich selbst.«[43] Er zielt zuletzt darauf ab, die »Übereinkunft im Nivellement«, welches ein bürgerlich vornehmes und zugleich von »Humanismus und Sozialismus« geprägtes Christentum bedeute, als »Verschwommenheit« zu diskreditieren.[44]

Diese These versucht seine Studie am Beispiel des »heiligen Franziskus« zu belegen: Von Geburt sei er ein Gentleman gewesen und erst die Nachfolge Jesu habe die hochherzigen »Tugenden der Mitte« bei ihm in ein so »radikal[es]« wie »paradoxe[s]« Glaubensethos verwandelt.[45] Auerbach widerspricht brieflich. Der Heilige sei keineswegs von vornehmer Geburt, sondern wahrscheinlich stamme er von »kleinen bzw. mittleren Leuten« ab. Als positives Beispiel für die Möglichkeit eines christlichen Gentlemans führt er gegen das philosophische Verdikt den Ordensgründer Bernhard von Clairvaux an. Obwohl der »feudale Standesherr« nicht ganz dem Ideal des »Gentleman« entspreche, hat er nach Auerbach in seiner christlichen Existenz das Vornehme vorbildlich mit dem Niedrigen verbunden.[46]

Dagegen lehnt er in *Mimesis* den aristokratischen Standestypus ab, sofern er nicht wie Bernhard von Clairvaux christlich geläutert sei. Für Auerbach resultiert aus dem rein feudalen Ethos eine Existenzform, die sich als »absolutes ästhetisches Gebilde« versteht, indem die Lebensführung ohne Realitätsbezug am stilisierten Ziel des »Abenteuers« orientiert werde. Auch seien nur »ritterlich-höfische Menschen« dieser Lebenskunst würdig, weshalb es zu einer »bewußten Abschließung und Hochzucht innerhalb einer ständischen Solidaritätsgemeinschaft« komme. Entscheidend ist, dass Auerbach seine Analyse nicht nur historisch verstanden wissen will, sondern sie ausdrücklich mit sozialen Verhaltensfiguren späterer Zeiten in Verbindung bringt: »Menschen gänzlich veränderter Kulturperioden, später emporgekommene Schichten städtischer und bürgerlicher Herkunft übernahmen dies Ideal, obwohl es nicht nur ständisch und exklusiv, sondern auch völlig wirklichkeitsleer ist.«[47]

Im Gentleman-Aufsatz drückt Löwith exemplarisch seine Neigung zum rein vornehm-exklusiven Ethos aus, das er selbst anfangs in den akademischen und literarischen Zirkeln um Martin Heidegger und Stefan George gepflegt hatte;[48] später zog er die mildere Form vor, die ihn an der ästhetisch-konservativen Lebenshaltung Jacob Burckhardts faszinierte. Löwiths große Sympathie mit dem späten Nietzsche zeigt zudem, wie stark sein Hang zum rein antiken Aristokraten und Patrizier war; dieser empfand es, wie Auerbach hervorhob, in seiner kultivierten Vornehmheit als geschmacklos, sich mit dem Element des Niedrigen gemein zu machen. Dass hierbei die ästhetischen Geschmacksgrenzen zugleich soziale Standesgrenzen darstellen, hat Auerbach immer wieder betont. Damit übernahm er einen zentralen Topos von Max Weber: »Bildungs- und Geschmackskultur-Schranken sind die innerlichsten und unübersteigbarsten aller ständischen Unterschiede.«[49]

Welche zerstörende Wirkung das frühe Christentum auf die ständische Ordnung der Antike hatte, lässt Auerbach in der Untersuchung erkennen, die er kurz vor seinem frühen Tod im amerikanischen Exil den Predigten Augustins widmet. Dessen »sermo humilis«, die bescheidene Rede, brach in der frühen Kirche dem demütigen Habitus rhetorisch die Bahn, indem sie die Stil- und Standesgrenzen im Namen Christi vermischte. Die geistlichen Reden wandten sich, folgt man Auerbachs faszinierter Darstellung, an den »beliebigen Leser« und rissen »die Schranke zwischen mir und dir« ein.[50] Augustins Mission, alle Menschen im Namen Gottes anzusprechen und für sein Reich zu gewinnen, zeitigt demnach eine gesellschaftlich unterhöhlende Wirkung, die den Boden unter dem Ideal des Gentlemans brüchig werden lasse.

V.

Nach Augustin ist es für Auerbach die sprach-, denk- und glaubensmächtige Gestalt Dantes, die in ihren Schriften den zweiten Höhepunkt des antik-christlichen Wirklichkeitsverständnisses bildet. Der exilierte Florentiner führte den spätmittelalterlichen Realismus, in der Tradition der ritterlichen Minne stehend, mit der *Göttlichen Komödie* erneut auf die stilmischende Höhe einer einfachen wie erhabenen

Darstellung. In der entwickelten Renaissance löste sich das realistische Ethos von seinen Glaubenswurzeln, die bei Dante überall als motivationspsychologischer Hintergrund seiner Figuren präsent sind. Am Ende von *Dante als Dichter der irdischen Welt* steht das Resümee: »Obgleich die christliche Eschatologie, aus der diese Schöpfung entstanden war, ihre Einheit und aktuale Kraft einbüßte, war das allgemeine Bewusstsein doch so sehr von ihr durchtränkt, dass die Auffassung des menschlichen Geschicks selbst bei recht unchristlichen Künstlern jene ganz christliche Spannung und Intensität bewahrte, die das Erbe Dantes ist.«[51] Weitere Evidenz gewinnt das realistische Moment in der Literatur, folgt man Auerbach, als Dante in der Romantik wiederentdeckt wird.[52]

Die selbst- und sozialkritischen Darstellungen der menschlichen Komödie, wie sie die französischen Realisten im 19. Jahrhundert boten, stehen in ihrem eigenen Verständnis fern vom christlichen Glauben. Die allein mögliche irdische Erlösung bietet ihnen neben dem Fortschrittsgedanken zumeist die Ideen der ästhetischen Abwechslung oder Vollendung. Die Gefahr, die detaillierte Darstellung in einen effekthascherischen Ästhetizismus abgleiten zu lassen, der die Nachahmung als Mittel interessanter Ablenkung aus der bürgerlichen Langeweile nutzt, verdeutlicht Auerbach an Baudelaire. Zudem geht er auf Distanz zu dem sich wissenschaftlich wertneutral stilisierenden Realismus Flauberts, der den ästhetisch vollendeten Ausdruck als rettende Erlösung aus dem Elend der Wirklichkeit suche. Zola scheint ihm bei aller Sympathie zu sehr vom fortschrittsoptimistischen Pathos der Zeit durchdrungen zu sein. Allein Stendhal, dem es ganz auf die Kritik der ständischen Vorurteile ankommt und der eine schmucklose Alltagssprache pflegt, besteht vor Auerbach. Die Analyse von *Rot und Schwarz* stilisiert Stendhal als illusionslose Ausnahme unter den französischen Realisten.[53]

Die große Sympathie, die in *Mimesis* für Stendhal spürbar ist, scheint nicht zuletzt darin begründet, dass biographisch die Befreiung zum nüchternen Realismus erst unter den Bedingungen des gesellschaftlichen Ausschlusses einsetzte. Auerbach leuchtet ausführlich die Tatsache aus, dass Stendhal die selbst- und sozialkritische Sichtweise entwickelte, als die Zeitläufte nach Napoleons Sturz ihm die vornehme Rolle eines »eleganten Weltmannes« nahmen und ihn in die ortlose Freiheit entließen: »Dieser Abriß seines Lebens soll zeigen, daß er erst zur Rechenschaft über sich selbst und zur realistischen Schriftstellerei gelangte, [...] als er, zwar keineswegs müde und mutlos, aber doch schon ein Vierziger, dessen frühe und erfolgreiche Laufbahn weit zurücklag, allein und ziemlich arm, die Erkenntnis, daß er nirgends hingehörte, in voller Schärfe zu spüren bekam.«[54] Auch wenn Stendhals »Unbehagen in der gegebenen Welt« und sein »Bewußtsein, nicht in sie hineinzugehören und in ihr keinen Ort zu besitzen«, an Rousseaus Zivilisationskritik gebunden wird, begründet Auerbach die Genese des radikalen Realismus vor allem mit dem Verlust der gesellschaftlichen Sekurität und der folgenden Einsicht in die Relativität des weltlichen Ansehens.

Angesichts Auerbachs eigener Erfahrung, plötzlich zum Exilanten zu werden, dem der politische Umsturz die bürgerlichen Privilegien sukzessive raubte, drängt sich die Vermutung auf, dass sein Augenmerk für Stendhals Leben auch biographisch geschärft wurde. Die Entlassung aus dem Marburger Ordinariat erzwang eine soziale Ortlosigkeit, die Auerbach zu einer Lebenszeit traf, da er als Gelehrter gesellschaftlich in hohem Ansehen stand und persönlich tief befriedigt war. Wie Stendhal war es ihm keineswegs leichtgefallen, auf die soziale Sicherheit und Annehmlichkeit zu verzichten. Folgt man einem Schreiben seines Kollegen Leo Spitzer, das dieser am 21. April 1933 aus Köln an Löwith in Marburg sandte, muss sich Auerbach abgrenzend gegenüber jüdischen Mitbürgern verhalten haben, die anders als er ohne Schutz des Frontparagraphen aus ihren öffentlichen Stellungen sofort vertrieben worden waren. Wohl war Auerbach ängstlich bedacht, sein relatives Privileg nicht zu verlieren. Spitzer, der diesen vorläufigen Rechtsschutz nicht besaß und von seinem Amt sofort suspendiert worden war, entrüstet das Verhalten seines ehemaligen Habilitanden: »Auerbach hat mir aus Baden-Baden geschrieben. Ich kann mich aber nicht entschließen, ihm zu antworten. Er hat in den Tagen des Anfanges der Judenhetze sich so von diesem Leid zu distanzieren, ja sogar persönlich zu jubilieren gewußt – empörte, aber zuverlässige Berichte haben es mir mitgeteilt –, daß ich, nun er einsehen gelernt hat, daß er mit uns allen anderen auf einer Galeere sitzt, schwerlich zu ihm finden kann: wer in entscheidenden Augenblicken nicht weiß, wo er zu stehen hat, darf sich nicht wundern, wenn er weiter als Fremdling behandelt wird. Sie wissen, daß ich kein ›überzeugter Jude‹ bin, ja daß ich das Beste dem christlichen Einfluß verdanke – aber es gibt doch so etwas wie ein ›atavistisches Solidaritätsgefühl‹ im Augenblick der Not.«[55]

Zu vermuten ist, dass Spitzer den harschen Vorwurf des »Jubilierens« unter dem Einfluss der emotionalen Lage niedergeschrieben hatte, musste er doch äußerst verletzt registrieren, dass sein akademischer Schüler Auerbach im Moment der sozialen, bürokratisch bemäntelten Niedertracht allein das eigene Überleben im System zu sichern suchte. Spitzer lässt seine selbstkritische Frage, ob er selbst, würde er noch zu den »Arrivierten« zählen, zu »Märtyrertaten« der bekundeten Solidarität fähig gewesen wäre, nicht für Auerbach gelten. Trost findet er in der Lage des sozial Ausgegrenzten in dem, was später Auerbachs Forschungsinteresse leiten sollte, dem künstlerischen Niederschlag des christlichen Passionsmotivs: »Ich habe neulich die Matthäuspassion gehört, sie ist sehr aktuell, wenn sie die Einsamkeit der Verfolgten schildert.«[56]

Wie immer man die Marburger Situation beurteilen mag – erst die weitere Sichtung der brieflichen Quellen wird die historischen Vorkommnisse vielleicht erhellen –, die 1936 erzwungene Aufgabe des Amtes und der folgende Gang ins Istanbuler Exil kann als eine soziale Zäsur gedeutet werden, die Auerbach einen illusionsloseren Blick auf das soziale Glück vermittelte. Es ließe sich für den exilierten Romanisten sagen, was er selbst für den enttäuschten Realisten feststellte »Erst als ihm Erfolg und Genuß zu entgleiten begannen, erst als die praktischen Umstände ihm den Boden seines Lebens zu entziehen drohten, wurde ihm die Gesellschaft seiner Zeit zum Problem und zum Gegenstand.«[57]

VI.

Die weltskeptisch-vorsichtige Haltung Auerbachs zeigt sich ansatzweise schon im 1932 verfassten Essay »Der Schriftsteller Montaigne«. Darin portraitiert er den Autor der *Essais* als vorurteilsfreien Mann, der auf dem »schwankenden Grunde« der Zeit seine »innere Einsamkeit« gegen die sozialen Ansprüche pragmatisch zu verteidigen weiß.[58] Montaigne ist für ihn keiner, der seine Wahrheit öffentlich bekennt und für sie leidet; dessen apolitische Reserve dürfte ebenfalls den Habitus Auerbachs treffen: »[Montaigne] sucht kein Martyrium, und er würde einem vermeidbaren Übel mit allen Mitteln zu entgehen suchen. Aber wir haben keinen Anlaß zu bezweifeln, daß er seiner Gesinnung auch treu geblieben wäre [...].«[59]

Zehn Jahre später nimmt *Mimesis* das alte Interesse an Montaigne wieder auf. Die Studie »L'humaine condition« sucht nicht nur seinen historischen Sitz in der Entwicklung des abendländischen Realismus zu bestimmen; zudem liest Auerbach die *Essais* im »dialektisch-dramatischen« Sinne mit dem interessierten Blick des säkularen und exilierten Individuums. Die provisorische Lebensführung Montaignes, in den *Essais* ausführlich geschildert, gilt ihm als exemplarisch für das »Problem der Selbstorientierung des Menschen, [...] die Aufgabe, sich ohne Stützpunkte in der Existenz Wohnlichkeit zu schaffen.«[60]

Montaigne erscheint in *Mimesis* als genialer Einzelner, der trotz des Schwankens der kriegerischen Zeit und seiner selbst den »Rhythmus der eigenen inneren Bewegung« hält und versteht, als private Person intakt zu bleiben:[61] »Er besitzt natürliches Maß, er bedarf der Sicherheit wenig, da sie in ihm sich spontan immer wieder herstellt.«[62] Dem mittleren Charakter fehlt das tragische Element, die innere Zerrissenheit zwischen den unbedingten Möglichkeiten. Relativität und Ruhe sind seine Tugend, alles Extreme ist Montaigne fremd: »Er ist zu unpathetisch, zu ironisch, ja zu bequem. [...] er faßt sich selbst, trotz allen Eindringens in die eigene Ungesichertheit, zu ruhig.«[63]

Montaignes Absicht, »das beliebige eigene Leben als Ganzes, zum Zweck der Erforschung der humaine condition« zu machen, fasziniert Auerbach gerade in dem Verzicht, die kreatürliche Wirklichkeit durch allzu tiefsinnige Deutungen zu verstellen.[64] Das Kapitel heißt entsprechend »L'humaine condition«; die deutsche Übersetzung, »Das Wesen des menschlichen Lebens«, erscheint nur im Fußnotentext.[65] Zu sehr ist der Wesensbegriff mit dem existentiell-spekulativen Element des deutschen Denkens assoziiert, zu wenig mit dem rein Kreatürlichen, als dass er das Anliegen Montaignes fassen könnte.

Dort, wo Auerbach die relative Nähe Montaignes zur »christlich-kreatürlichen Anthropologie« betont, blitzt auf, wie sehr die platonische Mimesis den Widerstand darstellt, an dem sich seine Idee des kreatürlichen Realismus bilden kann: »Denn für Platon ist der Körper ein Feind des Maßes, der die Seele verführt und mit sich reißt.«[66] Montaigne ist Auerbachs probatestes Mittel, um sich der Versuchung der griechischen Vergeistigung zu erwehren, die im Christentum trotz aller Erfolge nie die Tatsache der Inkarnation habe endgültig beseitigen können. Auerbach wendet sich in der Auslegung der *Essais* gegen eine Anthropologie des reinen Geistes; mit Montaigne boykottiert er das Bestreben, den Skandal des Körpers, seiner Todesverfallenheit in einer geistigen Weltsicht zu überwinden: »Seine körperlichen Funktionen, seine Krankheiten und sein eigener körperlicher Tod, von dem er viel spricht, um sich selbst an den Gedanken des Todes zu gewöhnen, sind dermaßen in ihrer konkreten sinnlichen Wirksamkeit mit dem moralisch-geistigen Gehalt seines Buches verschmolzen, daß jeder Versuch einer Trennung sinnlos wäre.«[67]

Nicht mehr den »tragischen Realismus« Dantes bieten ihm die *Essais* in ihrer kreatürlichen Wirklichkeitsnähe; sie sind für Auerbach ihrem christlichen Deutungsrahmen entronnen: Bei Montaigne findet er die reine Vorläufigkeit der historischen Existenz: Ihr zeitlich begrenzter Horizont wird nicht jetzt und nicht später im Zeichen des Überzeitlichen ins Vertikale geöffnet. Das irdische Provisorium muss sich selbst genügen. Deshalb gehört in den *Essais* zum Geschmack des Lebens auch die Bitterkeit des Vergehens, des Sterbens, des Todes.

Montaigne stellt sich vor, auf einer Reise »ohne eine ärgerliche-störende Zeremonie« zu sterben. Er sucht den »Tod im Gasthaus unter fremden Menschen«. Das Geld als unpersönliche Größe, nicht soziale und kulturelle Loyalitäten sollen den menschlichen Umgang auf der letzten Wegstrecke prägen. Die Freiheit und Einsamkeit des modernen Individuums zeichnet sich in jener Phantasie schon ab. Montaignes Wunsch, diese Fremden »bar bezahlen« zu können, »keinerlei menschliche Verpflichtung« zu haben, fasziniert Auerbach, zumal die Vorstellung der sozialen und kulturellen Nacktheit vor dem Tode ganz unbefangen geäußert wird, ohne Scham vor der Gemeinschaft der Hinterbleibenden.[68]

Nackt kam der Mensch auf die Welt, bevor er Teil eines kulturellen Gefüges wurde, dem er sich verdankt und das ihn trotzdem nicht halten kann. Nackt kehrt er zur Erde zurück, ohne Begleitung, einsam, wie er gekommen ist. Die vorläufige Existenz, mit der Geburt ins Leben getreten, hat ihr endgültiges Ende gefunden, legt alle gegebenen und gesuchten Bindungen an Menschen, Institutionen und Ideen ab. Das provisorische Leben zerfällt in die Atome, aus denen es einstmals geschaffen wurde. Die Frage, ob eine Vorsehung dieses Phänomen überschaut, ist für den Skeptiker nicht zu klären; die möglichen Antworten ändern jedoch nichts am radikalen Charakter dieser vorläufigen Lebenseinrichtung. Wie Auerbach es sagt: Die Einsamkeit ist das »Wasser dieses Fisches.«[69]

Der bittere Geschmack des Todes ist aber nur eine Seite der provisorischen Existenz; die Lust am kreatürlichen und kulturellen Leben gehört ebenso zur Existenz Montaignes. Auerbachs Skizze unterscheidet diesen Zug seines Habitus von Motiven der christlichen wie stoischen Askese: »Die nun errungene Freiheit war erregender, aktueller, mit dem Gefühl der Ungesichertheit verbunden; der verwirrende Überfluß der Erscheinungen, auf die nun erst das Auge gelenkt wurde, schien überwältigend; die Welt, sei es die äußere oder die innere, schien ungeheuer, grenzenlos, unfaßbar; das Bedürfnis, sich in ihr zurechtzufinden, schien schwierig zu befriedigen und doch dringend.«[70]

VII.

Anders stand Karl Löwith, um zum Ausgang des Vergleiches zurückzukehren, zur stoisch-asketischen Haltung. Er achtete kaum auf ihr lebenspraktisches Element, vielmehr schätzte er den kontemplativen Zug der Stoa mit der Zeit immer stärker, bedingt durch seinen skeptisch-melancholischen Blick auf die menschliche Geschichte. Im Jahr 1960 sprach Löwith an der Universität Freiburg – auch in Anwesenheit von Martin Heidegger – über »Welt und Menschenwelt«, seine Müdigkeit am sinnlosen Treiben der historischen Wirklichkeit Ausdruck gebend. Den »heutigen Höhlenbewohnern der geschichtlichen Welt« riet er, einmal die Distanz zur Zivilisation des »mondo civile« zu suchen und sich in die »elementare Gewalt und eintönige Größe der Welt, die nicht die unsere ist«, einzulassen. Diese Perspektive geht von Vicos Unterscheidung aus, die die natürliche Welt, deren ewige Gesetze der Schöpfergott verantwortet, von der kulturellen Welt trennt, die der menschlichen Phantasie untersteht.

Löwith bringt der menschlichen Schöpfungskraft im Kulturellen keine Sympathie mehr entgegen; zu sehr verabscheut er das wunschgeleitete, relative, oftmals blinde Interesse der Menschen. Vielmehr beschwört er die Rückbesinnung auf die griechische Vorstellung eines interesselosen, theoretischen Anschauens: »Mit einem solchen absichtslosen Hinsehen, rein um der Einsicht willen beginnt das Philosophieren als zweckloses theorein.« Menschenkundlich begründend heißt es: »Denn es gehört zur Auszeichnung des Menschen, daß er nicht gebunden ist an das, was ihn unmittelbar angeht und anspricht, sei es triebhaft oder auch existenziell.«[71] Dem circulus vitiosus der menschlichen Deutungsinteressen stellt Löwiths Vortrag die natürliche Ordnung entgegen, die einen in sich notwendigen Zirkel beschreibt: »Sie muß, um eine Ordnung zu sein, immer so sein, wie sie ist. Was aber immer so ist, wie es ist, und nichts anderes sein kann, nennt man notwendig.«[72]

Enttäuscht von den religiösen und säkularen Formen des Fortschrittsglaubens zieht sich Löwith stoisch von jedem Deutungsvorhaben zurück, das den Verdacht des persönlichen Interesses nähren könnte. Der historischen Scherben sind genug. Allein die philosophische Existenz im Sinne des absichtslosen Schauens, der theoretischen Kontemplation bietet für ihn eine humane Möglichkeit des geistigen Überlebens. Sie steht aber nur einer kleinen, sozial privilegierten Elite offen: »Die praktische Voraussetzung der Theoria als philosophischer Einsicht um der Einsicht willen ist also, daß diejenigen Bedürfnisse, die gemeinhin die dringendsten und nötigsten sind, schon befriedigt sein müssen.«[73] Der Gedanke an Platons Staatsidee, vom Gentleman-Aufsatz gepriesen, in der allein die Philosophen im hierarchisch geordneten Gesellschaftskörper zeitweise der Theorie leben dürfen, während die mittleren und niederen Stände der Soldaten und Arbeiter die praktischen Dinge andauernd zu verrichten haben, ist hinter diesem Gedanken zu sehen.[74]

Der Freiburger Vortrag provozierte, folgt man dem Brief, den Hugo Friedrich als dortiger Zuhörer später an Löwith schrieb, den »gereizten und massiven Ausfall« Heideggers, dem der Referent in »noble[r] und sachliche[r] Art« begegnet sei.[75] Fast ein Jahrzehnt später trug Löwith seine Auffassung vom Sinn des theoretischen Schauens nochmals zur Feier von Heideggers 80. Geburtstag vor. Er stellt abschließend seinen kontemplativen Rückzug in die absolute, von keinem relativen Interesse beeinflusste Notwendigkeit der kosmischen Abläufe in die Nähe von Heideggers Denken des kommenden Seins, selbstironisch kommentierend: »In einem glaube ich mich, trotz aller unzulänglicher Kritik und mangelhafter Explikation, mit Ihnen einig zu sein: daß das Wesentliche ein Einfaches ist – bei mir vielleicht etwas allzu Einfaches.«[76] Das »Einfache«, von dem Löwith spricht, scheint mir darin zu liegen, dass beide Denker über die relative Welt hinauszublicken versuchen, enttäuscht vom historischen Schauspiel. Die Philosophen schaffen sich einen Horizont, der von den menschlichen Willensimpulsen und Kulturdeutungen unabhängig ist und eine in sich notwendige Größe darstellt.

Im Vergleich zu Auerbachs Sichtweise der Geschichte ergibt sich ein menschenkundliches Tableau von drei grundsätzlichen Einstellungen. Diese prägen – philosophisch gesprochen – jeweils eine der fundamentalen Fragen nach Gott, Welt und Mensch. Heidegger nimmt nach der Enttäuschung über die historische Entschlossenheit, die christliche Tradition säkular umdeutend, eine eschatologische Sicht auf das Göttliche ein. Die Erwartung des sich entbergenden Seins, des kommenden »Gottes«,[77] steht im Zentrum seines geschichtlichen Denkens, während das Seiende – natürliche Welt und menschlicher Wille – periphere Phänomene darstellen. Für Löwiths statische Sichtweise ist es die kosmische Welt mit ihren natürlichen Gesetzen, die seinen kontemplativen Blick auf sich zieht. Die kulturelle Menschenwelt, zu der auch alle Gottes-Vorstellungen gehören, verblasst dagegen. Dem statischen Element der ewigen Notwendigkeit entspricht Löwiths Affinität zu einer ständisch getrennten Gesellschaft, die dem vornehmen Individuum allein erlaubt, der reinen Theorie nachzugehen.

Auerbach entwickelt – vor allem in der Analyse Montaignes – einen philosophischen Habitus der provisorischen Existenz. Sein Denken grenzt sich ab von der eschatologischen Perspektive und der ständisch-statischen Einstellung, deren christliche und antike Wurzeln ihm präsent sind. Den Kulturphilosophen interessiert das vorläufige Ergehen des beliebig zufälligen Menschen, denn alles ist historisch bestimmt und veränderlich. Voraussetzung dieser Einstellung ist Vicos Postulat der menschlichen Phantasie, die als kulturelles Instrument der intakten Persönlichkeit hilft, sich zu bewahren, auch wenn keine Vorsehung ein Gelingen des Lebens garantieren kann. Zu der Lust des provisorischen Lebens gehört ebenso die nüchterne Sicht auf die alltägliche Vergänglichkeit, mit Montaigne zuletzt der Mut, sich von allen und allem wieder in eine tödliche Einsamkeit verabschieden zu können.

Deutsche Menschen
Freundschaft mit Walter Benjamin

> Ein Wunder, dem nur möglich, der die strengsten
> Entschlüsse, die unbändigsten Entwürfe
> Der Könige, sein Spiel – wenn nicht sein Spott –
> Gern an den schwächsten Fäden lenkt
> G. E. Lessing

I

Erich Auerbach und Walter Benjamin kannten sich seit 1913/14 und schlossen in den frühen Jahren der Weimarer Republik engere Freundschaft. Ein Brief, in dem Auerbachs Witwe Marie sich über ein halbes Jahrhundert später an deren Anfänge erinnert, bezeugt ihre Verbundenheit: »Ja, Walter Benjamin war ein guter Freund. Manche Bücher von ihm habe ich hier. [...] Er war bei seiner grossen Begabung ein sehr stiller, verschlossener Mensch, voll großer menschlicher Integrität. Eigentlich glückte ihm äußerlich nie etwas, man verstand ihn nicht und seine schüchterne Unbeholfenheit war nicht immer ein Hilfsmittel.«[1] Auerbach selbst hat fünf Briefe hinterlassen, die er an Benjamin ins Pariser Exil schrieb und die ihre Vertrautheit bekunden.[2]

Aus den ersten Jahren ihrer Freundschaft gibt es nur indirekte Zeugnisse. So weiß man seit den Studien des Ernst Troeltsch-Kenners Friedrich Wilhelm Graf, dass beide zum Berliner Oberseminar des Kulturphilosophen gehört hatten. Dort stand dessen im Werden begriffenes Opus magnum *Der Historismus und seine Probleme* zur Diskussion. In der »Krisis« der Zeit entfaltete Troeltsch, die vom Christentum erzeugte und von der Moderne zugespitzte Frage nach dem Ziel der Geschichte: »Die verschollene und verlästerte Geschichtsphilosophie wachte wieder auf und ist in immer weiterem Fortschreiten begriffen. Die Weltkatastrophe des großen Krieges hat das ihrige getan.«[3] Siegfried Kracauer, der ebenfalls zu den liberalen Intellektuellen um Troeltsch gehörte und im amerikanischen Exil später näheren Umgang mit Auerbach finden sollte, beschrieb für die *Frankfurter Zeitung* plastisch die Geisteshaltung, die hinter dem in der Krise aufgeflammten Interesse am Sinn der Geschichte stand: »Es gibt gegenwärtig eine große Anzahl von Menschen, die, ohne voneinander zu wissen, doch alle durch ein gemeinsames Los verbunden sind. Jeglichem bestimmten Glaubensbekenntnis entronnen [...] verbringen sie [ihre Tage] zumeist in der Einsamkeit der großen Städte, diese Gelehrten, Kaufleute, Ärzte, Rechtsanwälte, Studenten und Intellektuelle aller Art; [...]. Wenn sie sich aber dann von der Oberfläche in den Mittelpunkt ihres Wesens zurückziehen, befällt sie eine tiefe Traurigkeit. [...] Es ist das metaphysische Leiden an dem Mangel eines hohen Sinnes in der Welt, an ihrem Dasein im leeren Raum, das diese Menschen zu Schicksalsgefährten macht.«[4]

In diesem Horizont öffnete Troeltsch im Berliner Oberseminar Auerbach die Augen für die Geschichts- und Kulturphilosophie Giambattista Vicos. Die Abschlussarbeit *Vicos Auseinandersetzung mit Descartes*, im Dezember 1921 eingereicht, trägt expressionistische Züge der Zeit.

Es drängte Auerbach in der Folge, sein Unbehagen an seiner Zeit im Spiegel Vicos öffentlich zum Ausdruck zu bringen. Einige Wochen später schickte er einen handschriftlichen »Bericht über Vico« an die Münchener literarische Zeitschrift *Der neue Merkur*. Es war die stark eingekürzte Fassung seiner Berliner Arbeit. Wenige Tage später warb er bei deren Herausgeber Efraim Frisch um eine rasche Veröffentlichung: »Troeltsch will übrigens aus meiner ursprünglich für ihn geschriebenen grossen Arbeit eine wissenschaftliche Publikation machen; aber ich habe genug davon und will lieber vor ein allgemeines Publikum. Übrigens wird

Vico jetzt hier sehr Mode, und wenn wir den Ruhm der Priorität haben wollen, so müssen wir uns beeilen.«[5]

Der Artikel, einfach »Vico« übertitelt, erschien im Juli 1922, und gehörte mit zu den ersten öffentlichen Verlautbarungen Auerbachs. Er dokumentiert besonders deutlich das mit Benjamin wie Kracauer geteilte Anliegen der Sinnstiftung, das nach der Katastrophe des Weltkrieges und dem Untergang des Kaiserreiches unter den Intellektuellen mit den Händen zu greifen war. Für Auerbach war dies vor allem das desolate Resultat des rein wissenschaftlich-empirischen und technisch-ökonomischen Denkens der Zeit: »Über dem allen aber ist die Sehnsucht geblieben uns eingereiht zu fühlen in einen erhabenen Plan, um dessentwillen das Böse gut, das Klägliche rein, das Entsetzliche groß ist; über Blut und Hunger, über Geschwätz und Verwirrung, über Leben und Tod hinaus einen ewigen Weg der Vorsehung zu finden, damit wir gefaßt ertragen können, was uns geschieht.«[6]

Sein Wunsch, über der Beschäftigung mit Giambattista Vico ein größeres Publikum zu erreichen, erfüllt sich in weit umfänglicherem Maße, als Auerbach zwei Jahre später Vicos Hauptwerk, *Die neue Wissenschaft über die gemeinschaftliche Natur der Völker*, neu übersetzte. Auch hier war die Anregung von Ernst Troeltsch ausgegangen.[7] Fünf Jahre später gelang es dem Berliner Bibliotheksrat, mit seinem zweiten Buch, der Studie *Dante als Dichter der irdischen Welt*, das gebildete Publikum auch monographisch zu überzeugen. Nach Fürsprache von Karl Vossler erhielt Auerbach in der kleinen Universitätsstadt Marburg ein Ordinariat.

Auch dort kam es zu Treffen mit Walter Benjamin. Diesem war in den Jahren zuvor wesentlich weniger Glück beschieden gewesen, als er versucht hatte, mit seiner Studie *Zum Ursprung des deutschen Trauerspiels* an der jungen Universität Frankfurt zu habilitieren und somit zumindest die Aussicht auf eine beruflich sichere Stellung zu erlangen. Dass Benjamin selbst »die altfränkische Postreise über die

Stationen der hiesigen Universität« nicht als seinen Weg betrachtete, hat Hannah Arendt später hervorgehoben. Er zog sich, folgt man dem späteren Porträt, nicht ungern zurück in die »Position des freien Schriftstellers« und des *»homme de lettre«*; Benjamin wurde zum »seltsamen Marxisten« wie enthusiastischen »Flaneur«, der nach Arendt mit seinem metaphorisch-dichterischen Sprechen das eigentliche Element der Erkenntnis wie kaum ein zweiter Intellektueller seiner Zeit beherrscht habe.[8]

Mit Auerbach teilte Benjamin besonders das Interesse für das Kino, das für die Masse der Bevölkerung immer mehr die Literatur als Medium der Wirklichkeitswahrnehmung ablöste.[9] Welche suggestive Kraft die Bilder im Dienste ideologischer Weltanschauungen entwickeln können, demonstrierten die Entwicklungen, die zur »Machtergreifung« der Nationalsozialisten führten und in der Etablierung der nationalsozialistischen Diktatur mündeten. Die liberale Republik entpuppte sich als ein Intermezzo einer Gesellschaft, deren konservative und obrigkeitshörige Vertreter und Gruppen nicht fähig und willig waren, auf rechte Propheten und deren Versprechen zu verzichten, um die Krise der Zeit entschieden und rasch zu Deutschlands Gunsten wenden zu können. Auerbach wird rückblickend auch von der Gefahr schreiben, dass die freischwebenden Intellektuellen nicht selten der apolitischen Neigung nachgaben, sich kleinen, weltanschaulichen Gruppen anzuschließen, die starke Sinnstiftungen in Aussicht stellten, wenn man nur radikal genug dachte und sich fern von der Masse hielt. Es »wuchs die Sektenbildung, zuweilen sich um bedeutende Dichter, Philosophen und Gelehrte kristallisierend, in der Mehrzahl der Fälle halbwissenschaftlich, synkretistisch und primitiv.«[10]

II.

Es ist nicht überliefert, wie Auerbach sich mit Walter Benjamin im Detail persönlich über die dramatischen Zeitläufe verständigte, die den Hoffnungen der deutschen Juden, als kulturell assimilierte Bürger zunehmend geachtet zu werden, ein grausames Ende setzten. Die erhaltenen Briefe Auerbachs, die er an den Freund sandte, der in Paris eine kärgliche Zuflucht gefunden hatte, zeugen vor allem von der Realität des Exils. Im ersten Schreiben vom Oktober 1935 erinnert sich Auerbach am Ende einer Italienreise allerdings mit Wehmut an Benjamins Essays zur *Berliner Kindheit*, die auch die seine gewesen war, im vornehmen Westen, wo das jüdische Bürgertum um 1900 sich assimiliert und seinen sozialen Aufstieg erlebt hatte. Jetzt sah er seinen gravierenden Irrtum ein, sich in der kleinen Universitätsstadt bis zu dem Italien-Aufenthalt, der ihn mit Emigranten zusammenbrachte, weiter in beruflicher und persönlicher Sicherheit gefühlt zu haben: »Ich lebe dort zwischen lauter Menschen, die nicht unserer Herkunft sind, ganz andere Voraussetzungen haben – und alle so denken wie ich. Das ist schön, aber verführt zur Torheit: es verführt zu dem Glauben, daß das etwas sei, worauf man bauen könne – während es doch auf die Meinungen des einzelnen, und wären es noch so viele, gar nicht ankommt. Erst diese Reise hat mich von dem Irrtum befreit.«

Heilsam ernüchtert warnt er Benjamin mit »radikaler Sachlichkeit«, sich in Paris nicht zu viel Hoffnung auf Hilfe zu machen, die von seinen französischen Freunden kommen könnte.[11]

Mit Glück kann Erich Auerbach in der Folge Marburg mit einer festen Stellenzusage hinter sich lassen und den Ruf an die Universität Istanbul annehmen. Der Romanist profitierte 1936 von der umfassenden Modernisierung, die Mustafa Kemal Atatürk seit der Gründung der türkischen Republik im Jahr 1923 ins Werk gesetzt hatte. Nur deshalb konnte er mit anderen seit 1933 in Deutschland aus den Ämtern gedrängten Professoren an die Stelle von osmanischen Gelehrten treten, die in Istanbul kurz zuvor entlassen worden waren, weil man ihr überkommenes Wissen nicht mehr schätzte. Die erzwungene Aufgabe alter Traditionen und die befohlene Assimilierung an die junge Moderne betrachtete Auerbach gleichwohl mit einiger Ambivalenz. So erschien das strenge Regime Atatürks verglichen mit den Diktatoren auf dem europäischen Kontinent als beeindruckendes Phänomen, das von einer im besten Sinne merkwürdigen Gestalt ausging. Auerbach schrieb am 3. Januar 1937 an Walter Benjamin: »Der grand chef ist ein sympathischer Autokrat, klug, großzügig und witzig, vollkommen verschieden von seinen europäischen Kollegen: indem er nämlich wirklich dieses Land selbst zum Staat gemacht hat, und auch indem er absolut phrasenlos ist; sein Memoirenbuch beginnt mit dem Satz: Am 19. Mai 1919 landete ich in Samsun. Zu dieser Zeit war die Lage folgende … Aber er hat alles, was er getan hat, im Kampf gegen die europäischen Demokratien einerseits und gegen die alte mohammedanisch-panislamistische Sultanswirtschaft andererseits durchsetzen müssen, und das Resultat ist ein fanatischer antitraditioneller Nationalismus: Ablehnung aller bestehenden mohammedanischen Kulturüberlieferungen, Anknüpfung an ein phantastisches Urtürkentum, technische Modernisierung im europäischen Verstande, um das verhaßte und bewunderte Europa mit den eigenen Waffen zu schlagen: daher die Vorliebe für europäisch geschulte Emigranten als Lehrer, von denen man lernen kann, ohne fremde Propaganda befürchten zu müssen.«[12]

Zugleich weist Auerbach darauf hin, was aus dem radikalen Schnitt von Atatürks antitraditionalistischer Kulturpolitik folgen wird: »Die Sprachreform, zugleich phantastisch urtürkisch (Befreiung vom arabischen und persischen Einschlag) und modern-technisch, hat es fertiggebracht, daß kein Mensch unter 25 Jahren mehr irgendeinen religiösen, literarischen oder philosophischen Text verstehen kann, der älter ist als 10 Jahre, und daß die Eigentümlichkeit der Sprache unter dem Zwang der lateinischen Schrift, die vor einigen Jahren zwangsweise eingeführt wurde, rapide verfällt.« So spricht er mit sarkastischem Sinn von der merkwürdigen »List der Vorsehung«, die im Zuge des grenzenlosen Rationalismus unter Atatürk eine »Internationale der Trivialität« wahrscheinlich werden lasse.[13]

III.

Wenige Wochen später erreicht Auerbach eine Büchersendung. Es ist Walter Benjamins pseudonym erschienene Anthologie *Deutsche Menschen. Eine Folge von Briefen. Auswahl und Einleitungen von Detlef Holz.*[14] Der Band ist »Erich und Marie Auerbach in alter Freundschaft« gewidmet, wohl in zeitgemäßer Ironie und Vorsicht unterzeichnet vom Autor »Detlef Holz«. Auerbach läßt es sich nicht nehmen, in seinem Exemplar auf der nächsten, freien Seite handschriftlich den Namen »Walter Benjamin« aufzuführen. Siegfried Kracauer hatte Benjamin den Band ebenfalls mit den Worten gewidmet: »Für S Kracauer / diese Arche / die ich gebaut habe / als die fachistische Sintflut / zu steigen begann«.[15]

Tatsächlich waren die 25 Briefe mit den kurzen Einleitungen über die Jahre 1931/32 in der *Frankfurter Zeitung* erschienen. Eine erste gut doppelt so groß angelegte Sammlung hatte Benjamin unter dem Titel »Das unterschlagene Deutschland« geplant, bevor die eingekürzte Fassung, die nach manchen vergeblichen Versuchen, einen geeigneten Publikationsort zu finden, Ende 1936 im Züricher Vita Nova Verlag erscheinen konnte. Angefangen bei einem Brief Lichtenbergs aus dem Jahr 1783 und endend bei einem Schreiben, das Franz Overbeck 1883 an den Freund Friedrich Nietzsche richtete, suchte der Band an die hohe Kultur des deutschen Bürgertums zu erinnern, dessen Geist Benjamin im Eingangsmotto verdichtete: »Von Ehre ohne Ruhm / Von Grösse ohne Glanz / Von Würde ohne Sold«.[16] Goethe ist der Gipfelpunkt dieser verlorenen Welt, den Benjamin in einem vorangestellten Trauerbrief Karl Friedrich Zelters beschwört, der wenige Woche nach dessen Tod Ende März 1932 nach Weimar gegangen war: »Aus der Mitte des hier umspannten Jahrhunderts stammend, gibt es den Blick auf die Anfänge der Epoche, Goethes Jugend – frei, in welcher das Bürgertum seine grossen Positionen bezog; es gibt ihn aber – durch seinen Anlass, Goethes Tod – auch auf das Ende dieser Epoche frei, da das Bürgertum nur noch die Positionen, nicht mehr den Geist bewahrte, in welchem es diese Positionen erobert hatte.«[17]

Dass Auerbach zutiefst bewegt war von der Anthologie, die seine Sehnsucht nach der deutschen Kultur ausdrückte, die im Jahrhundert von Aufklärung, Klassik und Romantik aufgeblüht war, verrät seine kurze Antwort an Benjamin. Der Brief trägt in seltener Weise deutliche Spuren spontaner Begeisterung. Auerbach hatte alles stehen und liegen lassen, um sich sofort und ganz den Zeugnissen der Hochzeit des deutschen Bürgertums zu widmen. »Wie der Blitz oder wie ein hoher Besuch« schlug der schmale Band in Auerbachs neue Alltäglichkeit und entführte ihn, so darf man vermuten, mit jedem Brief wehmütiger zurück in das »portative Vaterland« der Literatur, von der Heinrich Heine – zuerst im Blick auf die jüdische Bibel, die Tora – gesprochen hatte.

Erich Auerbach war der ideale Leser für dieses intime Denkmal der bürgerlichen Welt, deren eigentliches Wesen nicht in der technischen Vernunft aufging. Deshalb verwundert es kaum, dass er in seinem Exemplar der *Deutschen Menschen* einzig melancholische Sätze Goethes markierte. Benjamin hatte aus einem Brief zitierte, in dem Goethe hellseherisch vorwegnahm, was an fataler Entwicklung sich in den »Gründerjahren« im Verschwinden des eigentlichen

Bürgertums vollenden sollte: »Reichthum und Schnelligkeit ist, was die Welt bewundert und wornach jeder strebt. Eisenbahnen, Schnellposten, Dampfschiffe und alle mögliche Facilitäten der Communication sind es, worauf die gebildete Welt ausgeht, sich zu überbilden und dadurch in der Mittelmässigkeit zu verharren ... Eigentlich ist es das Jahrhundert der fähigen Köpfe, für leichtfassende praktische Menschen, die, mit einer gewissen Gewandtheit ausgestattet, ihre Superiorität über die Menge fühlen, wenn sie gleich selbst nicht zum Höchsten begabt sind. Lasst uns soviel als möglich an der Gesinnung halten, in der wir herankamen; wir werden, mit vielleicht noch Wenigen, die Letzten seyn einer Epoche, die so bald nicht wiederkehrt.«[18]

Auerbachs praktische Frage, ob er weitere Bände in Deutschland bestellen oder wenigstens dorthin senden könnte, lässt ahnen, wie sehr er um die Not derer wusste, die in Deutschland als Innere Emigranten ihr Leben weiter zu fristen hatten. Er selbst bewahrte den schmucklosen Band, der in einfachen Karton gebunden war und mit der Zeit billige Klebestreifen als Halt benötigte, wie einen Schatz über die Jahrzehnte des Exils. Das Buch, das in der Schweiz gedruckt worden und von dort in den Belegexemplaren nach Paris gegangen war, von wo aus Benjamin eines sofort mit der Widmung nach Istanbul weitersandte, hatte Auerbach und seine Familie über die amerikanischen Stationen des Exils begleitet; dort verwahrte es zuletzt der Enkel Claude Auerbach, ein Weinhändler, der den Band im Herbst 2016 mit den Resten von Auerbachs Bibliothek an das Deutsche Literaturarchiv in Marbach übergab, wo der Nachlass Auerbachs heute betreut wird.

IV.

Walter Benjamin war es nicht vergönnt, nachdem die Deutschen 1940 weite Teile Frankreichs besetzt hatten, vom Süden des Landes aus – erst widerwillig und dann verzweifelt – das rettende Ufer der Vereinigten Staaten zu erreichen. Hannah Arendt, die »Benji« in Paris kennen- und gemeinsam mit ihrem Mann Heinrich Blücher schätzen gelernt hatte, beschrieb ihrem gemeinsamen Freund Gershom Scholem, wie Benjamin »mit wirklich leidenschaftlicher Vehemenz« die Partei eines Jungen ergriffen hatte, der sich in einem Lager das Leben genommen hatte. Auch habe er später »wiederholt vom Selbstmord« gesprochen und noch zuletzt in Marseille offen »Selbstmordabsichten« geäußert.[19]

Schon zuvor hatte Benjamin in den »Thesen über den Begriff der Geschichte« Zeugnis von seiner wachsender Verzweiflung über die Zeit abgelegt, teilweise indem er seinen Ekel über die Mächtigen und die Sorge um die Erniedrigten bekundete, teilweise, indem er das Bild vom »Engel der Geschichte« beschwor. Hannah Arendt, die eines der wenigen Exemplare als Geschenk und Vermächtnis von Benjamin erhalten hatte, zitierte im Rückblick auf das tödliche Ende, das Benjamin nicht lange nach der Niederschrift ereilte: »›Wo eine Kette von Begebenheiten vor *uns* erscheint, da sieht *er* eine einzige Katastrophe, die unablässig Trümmer auf Trümmer häuft und sie ihm vor die Füße schleudert. Er möchte wohl verweilen, die Toten wecken und das Zerschlagene zusammenfügen.‹ (Womit dann wohl das Ende der Geschichte gekommen wäre.) ›Aber ein Sturm weht vom Paradiese her und treibt ihn unaufhaltsam in die Zukunft, der er den Rücken kehrt, während der Trümmerhaufen vor ihm zum Himmel wächst. Das was wir Fortschritt nennen, ist *dieser* Sturm.‹«[20]

Für Benjamin war mit dem geschichtsphilosophischen Bild auch die vielleicht rettende Vorstellung verbunden, dass sich das Paradies, von dem der Engel immer weiter weg vom Sturm des Fortschritts getrieben wurde, sich von hinten unverhofft erneut öffnen möge. Aber für den fiebernd den Sinn der Geschichte suchenden Benjamin reichte die Kraft der Hoffnung nicht. Die Aussicht, nach der deutschen Besetzung Frankreichs über die Pyrenäen fliehen und in Lissabon das rettende Schiff in die »Neue Welt« besteigen zu können, die ihn nach einigem Zögern etwas beflügelt hatte, verdunkelte sich schlagartig wieder, als der Weg über die Grenze nach Spanien plötzlich nicht mehr passierbar schien. So nahm sich Benjamin auf dem Weg ins Gebirge in einem Moment tiefer Erschöpfung das Leben.

Mit den *Deutschen Menschen* hatte er fünf Jahre zuvor sein Wort in Form eines Buches letztmals in die europäische Öffentlichkeit hinein gesprochen. Auerbachs enthusiastische Reaktion auf Benjamins Sendung steht zweifelsohne im gedanklichen Horizont der Rezension, die im Dezember 1936 in der Schweizer *National-Zeitung* erschien: »Dieses Buch, das sich als Geschenkbuch wie kaum ein anderes eignet, kommt zur rechten Zeit. In einem Augenblick, da das wieder zur Macht gekommene Gross-Preussentum den Begriff ›Deutschtum‹ hemmungs- und bedenkenlos in den Dienst seiner politischen Expansion stellt, – in einem Augenblick, das das Dritte Reich den deutschen Geist ein für allemal in seine Kulturkammern einsperren möchte, erscheint dieses Buch, in dem in zwanzig Briefen deutscher Menschen eine Art, als deutscher Europäer zu leben, sichtbar wird, die in der Epoche der Staatsvergötzung gänzlich verloren gegangen scheint. [...] Und während sonst, in anderen Sammlungen, die verbindenden Worte des Herausgebers meistens eine Plage sind, bedeuten in dieser Briefsammlung die zu jedem Brief gegebenen Einleitungen von Detlef Holz eine besondere Bereicherung: hier spricht ein Mann, den ein reiches Wissen nicht pedantisch, sondern weise gemacht hat.«[21]

Figuren der Passion
Epilog

> […] Ach! Wenn ich einen mehr in Euch,
> Gefunden hätte, dem es genügt, ein Mensch
> Zu heißen!
> G. E. Lessing

I.

Mimesis. Dargestellte Wirklichkeit in der abendländischen Literatur ist ein Klassiker der jüngeren Geistes- und Ideengeschichte, der ganz ohne Fußnoten auskommt.[1] Erich Auerbach schrieb das Buch im Istanbuler Exil, befreit von der Last europäischer Bibliotheken, doch beschwert von historischer Erfahrung. Der deutsch-jüdische Philologe und Kulturphilosoph bot in exemplarischen Textstudien eine suggestive Passionsgeschichte westlichen Denkens, angefangen bei Homer und dem Alten Testament bis hin zu James Joyce, Marcel Proust und Virginia Woolf. Zur »Fiftieth Anniversary Edition« der amerikanischen Ausgabe schrieb Edward Said im Jahr 2003: »Only a small number of books seem perennially present and, by comparison with the vast majority of their counter parts, to have an amazing staying power. This is true of Erich Auerbach's magisterial Mimesis.«[2]

Zehn Jahre später erschienen unter dem Titel *Time, History, and Literature* erstmals auf Englisch die Essays, die Auerbach im Umfeld seines Hauptwerks in Berlin, Marburg, Istanbul, Princeton und Yale geschrieben hatte.[3] Als Vorbild diente der von Fritz Schalk bereits 1967 zusammengestellte Band *Gesammelte Aufsätze zur Romanischen Philologie*.[4] In seiner umfassenden Einleitung ging James Porter weit über den fachgeschichtlichen Horizont hinaus. Der Komparatist blieb auch nicht bei dem Philologen als »canonical figure«

stehen, der heute international als »founder of comparative literature, an example of the exilic intellectual, or as a prophet of global literary studies« betrachtet wird.[5] Vielmehr las Porter die Essays als »intellectual history of the Western mind«.[6] Wie schon in *Mimesis* biete Auerbach eine Genealogie der säkularen Moderne, die Porter durch drei Züge treffend charakterisiert: eine komplexe Beziehung zur jüdisch-christlichen Tradition, einen an Dante profilierten Sinn für die ethische wie individuelle Dimension des Alltagslebens sowie eine an Vico und Hegel geschulte Sensibilität für geschichtsphilosophische Fragen.

Die Affinität zum jüdisch-christlichen Erbe kommt exemplarisch bereits im Eingangskapitel von *Mimesis* zum Ausdruck, das heute an vielen großen Universitäten der USA gelesen wird und den Blick der Undergraduates für das Werden des westlichen Bewusstseins schärfen soll. Im polemischen Kontrast zur postulierten Oberflächlichkeit der homerischen *Odyssee* akzentuiert Auerbach die Geschichte der Opferung Isaaks als Ausdruck der psychologischen wie geschichtsphilosophischen Tiefendynamik der Bibel. Ihr Ursprung ist der gewissenhafte Gehorsam Abrahams, seine Bereitschaft, das irdische Leiden im Horizont des einen Gottes in allen Widersprüchen zu tragen. Die volle Bedeutung des alttestamentarischen Geschehens entfalte sich allerdings erst in der christlichen Interpretation: als Präfiguration der unerhörten Passion Jesu. Die These, dass diese Deutungspraxis über zwei Jahrtausende abendländischer Geschichte bis zum modernen Individualismus und Realismus führe, verleiht *Mimesis* den weiten ideenhistorischen Spannungsbogen.

Luzide stellt Porter heraus, wie Auerbach mit den Essays auch eine religiös fundierte Anthropologie der gequälten Seelen entfalte: er skizziere exakt die »contortions and psychopathologies of the Western soul, and above all the Christian soul«. Die vom christlichen Denken besonders akzentuierten Seelen- und Geisteszustände von Ungewissheit, Unsicherheit und Ambivalenz verdichteten sich exemplarisch in der Figur Rousseaus. Ihn beschreibt Auerbach gleichsam als Präfiguration der Haltung, die Nietzsche später bis hin zu *Ecce homo* zur Sprache bringen wird.

Seit der grandiosen Habilitationsschrift *Dante als Dichter der irdischen Welt*, die ihn am Ausgang der Weimarer Republik für die Marburger Professur empfahl, widmete Auerbach sich immer wieder der weichenstellenden Bedeutung, die dem ersten volkssprachlichen Klassiker Europas für die Ausbildung des modernen Realitätssinnes zukomme.[7] Während Aby Warburg das Florenz der Renaissance als kunsthistorisches Musterbeispiel für das Nachleben der Antike betrachtet hatte, entzündete sich Auerbachs lebenslanges Interesse am literaturhistorischen Nachleben des Christentums am früher entstandenen Werk des Florentiner Exilanten Dante. Dessen *Göttliche Komödie* lebte empirisch, ethisch und existentiell aus dem christlichen Geist des späten Mittelalters. Dantes Werk war aber auch jenseits dieses engeren Deutungsrahmens lesbar. Seine dichterische Phantasie lenkte alle Aufmerksamkeit auf das individuelle Leben und die Tiefe seines irdischen Bewusstseins: »Christianity intensified the potential for a subjective embrace of human reality, which (as we saw) can only occur through the convergence of three factors: history, lived experience in the present and a tragic sense of meaning and depth, which is to say, of potentials to exceed the surface of life.«[8]

Den »tragischen Realismus« der nachchristlichen Epoche entfaltete Auerbach dann vor allem in soziologisch genauen Essays, die im 19. Jahrhundert vor allem Balzac, Stendhal und Flaubert galten. In Montaigne sahen die französischen Realisten das Vorbild für die Entwicklung eines Perspektivismus, der keinen fixen Fluchtpunkt mehr besitze, sondern durch wandelbare Standpunkte bestimmt sei. Die methodischen Grundlagen dieses historistischen Denkens entwickelte Auerbach vor allem in Essays über Giambattista Vico und seine *Neue Wissenschaft*. Das Berliner Oberseminar des Kulturphilosophen Ernst Troeltsch hatte ihn in den ersten Jahren der Weimarer Republik angeregt, den verschollenen Klassiker der Geschichtsphilosophie wieder in einer deutschen Ausgabe verfügbar zu machen.[9] Um 1933 dachte Auerbach – nicht fern von Freuds pessimistischem *Unbehagen in der Kultur* – vermehrt über Vicos zyklisches Geschichtsdenken nach. Er beschrieb die Wiederkehr des brutalen Urmenschen als eine zu gewärtigende Möglichkeit und kennzeichnete das Vertrauen in die kulturelle Phantasie und ihre zivilisierende Bedeutung als ein überaus zerbrechliches Gut. Nach dem Ende des Zweiten Weltkrieges entstand »Philologie als kritische Kunst«, eine neue Einleitung seiner Vico-Ausgabe, die in weiten Zügen eine Synthese der Vico-Studien der 1930er Jahre war, aber nie gedruckt wurde.[10]

Vicos »radikaler Historismus« beschäftigte Auerbach bis zu seinem plötzlichen Tod im Jahr 1957. Er resümierte zuletzt nochmals die Grundlage seiner Philologie als ein geschichtliches Verstehen, das den Horizont dieses Lebens nicht überschreite: »Man verlernt freilich das Urteilen nach außergeschichtlichen und absoluten Kategorien, und man hört auf, nach ihnen zu suchen [...]. Man lernt allmählich, in den geschichtlichen Formen selbst die elastischen, immer nur provisorischen Ordnungskategorien zu finden, derer man bedarf.«[11] Dabei ist Auerbach kein Kulturanthropologe, der sich mit einem rein horizontalen Blick zufriedengibt; vielmehr lassen seine Essays, so unterstreicht es auch der Nietzsche-Kenner Porter, Restbestände metaphysischen Denkens erkennen, das den Verlust der vertikalen Hoffnung spiegelt. Während in den Vico-Studien die Sehnsucht nach einem sinnvollen Schluss der katastrophischen Geschichte in der Idee einer »göttlichen Vorsehung« direkt zur Sprache kam, wird zuletzt die Abwesenheit eines höheren Sinnes im dramatischen Zuschnitt des philologischen Relativismus spürbar, in dem die kulturellen Urteile eine »hier und heute« lebenstragende Bedeutung erlangen sollen.

II.

Die an Vico entfaltete Geschichtsphilosophie besitzt in der Volkssprache ein wichtiges Medium des kulturellen Selbstverständnisses. Dies zeigt sich auch in den frühen Jahren des Istanbuler Exils, als Auerbach die deutsche Nationalsprache als Kern der eigenen Identität betonte. Mit dem Selbstbewusstsein eines Deutschen jüdischer Herkunft, der jedes rassistische Denken verachtet, entwarf Auerbach noch 1936/37 die Utopie einer erfolgreichen Assimilation, indem er die gemeinschaftsbildende Macht der Sprache beschwört: »Das kräftigste Band, das die Einheit einer Gesellschaft sichert, ist die gemeinsame Muttersprache. Ein gleichberechtigter Mitbürger ist derjenige, der unsere Sprache ganz unwillkürlich [...] spricht. [...] Zahlreiche große Völker haben durch ihre kulturelle und politische Überlegenheit einige fremde Rassen in sich aufgenommen und im jahrhundertelangen Koexistenz so miteinander vermischt, dass sie von ihnen selbst nicht mehr zu unterscheiden waren.«[12]

Zugleich stellte der in Istanbul lebende Auerbach seine geistesgeschichtlichen Überlegungen zur notwendigen Assimilation in einer großen, gemeinsamen Kultur in den aktuellen Rahmen der von Atatürk 1923 begründeten türkischen Republik. Vorsichtig lotete er vor seinen Hörern aus, wie die Ausbildung einer nationalen Identität über eine bewusste Reform der Sprache gelingen könnte: »Aufgabe der Reformer ist es, einerseits das Nationalgefühl zu beflügeln, um die Entwicklung der Nationalsprache zu beschleunigen, andererseits den Reformen eine Richtung und eine rechte Form zu geben.«[13] Als emigrierter Wissenschaftler, der als Deutscher jüdischer Herkunft eine rassistische Exklusion aus dem gemeinsamen Kultur- und Lebensraum erfahren hatte, schlug Auerbach im Gastland angesichts der radikaler Veränderungen moderat warnende Töne an: »Aber diese Reformen dürfen weder übereilt vorgenommen werden noch zu umfänglich angelegt sein.«[14]

Die Istanbuler Essays, die in universitären Periodika auf Türkisch erschienen, widmeten sich vor allem französischen Klassikern und Realisten. Dabei empfahl Auerbach einerseits der von Atatürk eingesetzten neuen Elite den volkssprachlichen Weg als *via regia* einer nationalen Identitätsbildung. Andererseits sah er an verschiedenen Stellen die Zukunft in der Vereinheitlichung der Weltgeschichte, die sich im 20. Jahrhundert technisch, ökonomisch und politisch beschleunigt habe. Diese kosmopolitische Perspektive, in der es um den freien Blick des Einzelnen gehe, werde auch durch das »außerordentlich Erschreckende« des Weltkriegs nicht aufgehoben. So schrieb er 1941/42, als die deutsche Wehrmacht über Afrika auch an den Bosporus zu kommen drohte: »Die Welt ist ein Ganzes, das die menschliche Intelligenz in einer einzigen Zusammenschau zu begreifen beginnt.«[15]

III.

Diese weltgeschichtliche Perspektive fand zuletzt ihren enthusiastischen Ausdruck in »Philologie der Weltliteratur«, einem Essay, in dem Auerbach – in kluger Bescheidenheit – auf einen direkten Rückblick auf *Mimesis* verzichtet. Darin beschreibt er von der jüdischen Bibel her diese Literaturhistorie als kulturellen Wandlungsprozess, der über das Christentum und dessen lange abendländische Dominanz zuletzt in eine Säkularität führt, die jedoch nicht ohne den religiösen Ursprung im Judentum denkbar ist und von der biographischen Dankbarkeit des Philologen zeugt. Erich Auerbach ist ein Kulturphilosoph aus dem Geiste Nietzsches, der die

Pietät gegenüber den Ursprüngen wahrt, indem er sie sich verwandelnd aneignet.

Man kann von daher Erich Auerbach, wie es James Porter in der amerikanischen Zusammenschau beschreibt, auch als einen »jüdischen Philologen« sehen: »Auerbach was a Jewish philologist, who happened to be German«, seine Philologie »celebrates the richness of this-worldly life at the expense of other-wordly abstractions, history over eschatology.«[16] Aber seine jüdische Identität ist eine durchaus gebrochene und durch die Schule des Apostels Paulus gegangen, welcher von Porter jedoch nicht als für Auerbach entscheidende Referenz seines Selbstverständnisses genannt wird. Als Heidenapostel verband Paulus die jüdische Tradition mit der neuen Wahrheit des christlichen Glaubens durch die figurale Deutungsweise und relativierte sie entsprechend sublim in ihrem Eigenrecht. Nur im näheren Blick auf Paulus erschließt sich allerdings erst das prekäre Verhältnis, das Erich Auerbach als assimilierter deutscher Jude zur eigenen Herkunft hatte, zumal er vom christlichen Universalismus her seine kosmopolitische Modernität begründete.[17]

Deshalb lohnt ein abschließender Blick auf »Figura«, den Essay, der in den frühen Jahren des Istanbuler Exils entstand und die Figuraldeutung als geschichtsphilosophisches Band beschreibt, das im Judentum einsetzt, von Paulus für das Christentum entdeckt wird und Auerbach zufolge hilft, inmitten der furchtbaren Geschichte in den Worten moderner Schriftsteller und Philologen geistig hilfreiche Figuren der Passion zu erkennen. Allerdings erreicht die Distanzierung von der jüdischen Religion in manchen Passagen von »Figura« eine Deutlichkeit, die man bei dem jüngst exilierten Auerbach als Reaktion auf seine enttäuschte Hoffnung verstehen kann. Denn als assimilierter Westjude konnte er seinen erfolgreichen Weg innerhalb der deutschen Gesellschaft als einer ihrer privilegierten Kulturträger nicht mehr fortsetzen. So schreibt Auerbach über die sinnvolle Integration des

Jüdischen in die christliche Welt, welche die Figuraldeutung geleistet habe: »Das AT verwandelte sich [...] aus einem Gesetzbuch und einer Volksgeschichte Israels in eine Reihe von Figuren Christi und der Erlösung, wie wir sie später in den Prophetenprozessionen des mittelalterlichen Theaters oder in den zyklischen Darstellungen der mittelalterlichen Plastik in West- und Mitteleuropa antreffen. In dieser Form und in diesem Zusammenhang, aus dem das Volksgeschichtliche und Volkstümliche des Jüdischen verschwunden war, konnten etwa die keltischen und germanischen Völker das AT aufnehmen; es war ein Bestandteil der allgemeinen Erlösungsreligion und ein notwendiges Stück in der ebenso großartigen wie einheitlichen Vision der Weltgeschichte, die man ihnen zugleich mit dieser Religion übermittelte. In seiner ursprünglichen Gestalt, als Gesetzbuch und Geschichte eines so fremden und fernen Volkes wäre es ihnen unzugänglich geblieben.«[18]

Gleichwohl wird die Erfahrung des jüdischen Exils von Zeitgeschichtlern auch so verstanden, dass Auerbach die Figuraldeutung entwickelt habe, um die jüdische Bibel als Teil des christlichen Kanons zu betonen. Er wende sich mit der Figuraldeutung gegen die Tendenz, man müsse im Christentum das Alte Testament vom Kanon ausschließen, die nach 1933 nicht nur in Kreisen der *Deutschen Christen* vielfach und vehement vertreten wurden. Ebenso setzten sich führende Nationalsozialisten fanatisch und propagandistisch für die Abtrennung der jüdischen Bibel ein.[19] Tatsächlich spricht Auerbach in »Figura« in historischen, zeitlich nicht näher situierten Sätzen von den »Kämpfen gegen die Verächter und Entleerer des AT«, gegen welche die figurale Deutungstradition immer wieder wirkungsvoll veranschlagt worden sei, gerade im »Zusammenhang der providentiellen Weltgeschichte«.[20] Auch wenn diese Überlegungen mit den geschichtlichen Ereignissen nach 1933, dem Kirchenkampf um die unlösbare Verknüpfung der beiden Teile der Bibel, in der jüngeren Forschung zu Recht in Verbindung gebracht werden können, ist die Rechtfertigung der Figuraldeutung doch nicht als Reaktion auf die politische Situation der Zeit zu sehen, wie es ein israelischer Historiker emphatisch verschiedentlich unterstrich.[21] Der Kulturphilosoph dachte keineswegs von der historisch konkreten Verteidigung der jüdischen Bibel her. Auerbach ging es vielmehr darum, diese als unselbständige Größe zu betrachten, die nach Etablierung des christlichen Kanons in der Figuraldeutung als dessen vorläufiger Teil zu lesen war, ohne noch die innere Unabhängigkeit zu besitzen. Das Motiv war die Entfaltung der weltgeschichtlichen Dimension dieses Sinnkonstrukts. Die erschreckenden Ereignisse in Deutschland mögen dazu angeregt haben, aber leitend war die geschichtsphilosophisch wirksame Idee der Passionsfigur in universalistischer Perspektive.

Auerbach umreißt sein Verständnis dieser geschichtsphilosophisch tragenden Vorstellung nicht fern vom protestantisch-lutherischen Neutestamentler Rudolf Bultmann, der ihm als ehemaliger Marburger Kollege für »Figura« wichtige Literaturhinweise gegeben hatte: »Die ganze Figuraldeutung steht unter dem paulinischen Grundthema des Gegensatzes Gesetz und Gnade, Werkgerechtigkeit und Glaube, das alte Gesetz ist aufgehoben und abgelöst, es ist Schatten und Vorausdeutung, seine Gesetzestreue ist unnütz und verderblich geworden, seit Christus durch sein Opfer die Erfüllung und Erlösung gebracht hat«. Polemisch gewendet bedeutet dies: »[I]n seinem jüdischen und judaistischen Gesetzessinne ist das Alte Testament der Buchstabe, der tötet, indes die wahren Christen Diener des Neuen Bundes sind, des Geistes, der lebendig macht; dies war Paulus' Lehre, und mit dringender Frage sucht der einstige Pharisäer und Gamalielschüler im Alten Testament selbst nach Stützpunkten für seine Gesinnung.«[22]

Mit anderen Worten: Paulus, der römischer Bürger jüdischer Herkunft, ist für Auerbach mit seiner figuralen Deutung der Tradition der zentrale Wendepunkt des christlichen Selbstverständnisses. In »Figura« wird vor allem deshalb die innere Entfernung des Apostels vom jüdischen Glauben unterstrichen: »daß sich jene jüdischen Vorstellungen bei ihm mit einer Gesinnung verbanden, die im schärfsten Gegensatz zum Judenchristentum stand und aus ihr erst ihre eigentümliche Bedeutung gewannen.«[23] Sein Streit mit Petrus und anderen Aposteln der ersten Gemeinden, die Jesus noch gekannt hatten, eröffnet den Horizont der Universalisierung des christlichen Glaubens, der für die weltweite Ausbreitung entscheidend wurde. Innerjüdische Vorstellungen des kultischen und kulturellen Lebens sind demnach lediglich Ursprungsgestalten des Glaubens, die aber nach Paulus keine tiefere Bedeutung für die Zugehörigkeit zur Gemeinde besitzen, so dass Juden vor Griechen oder anderen Heiden in den Gemeinden nicht privilegiert würden. Paulus vollzieht unter anderem im Galater-Brief, in dem er von dem Besuch der Gemeinde in Antiochia berichtet, deutlich den Bruch mit dem jüdischen Anspruch, das auserwählte Volk Gottes zu sein, der im frühen Christentum zumindest noch mit der Privilegierung beim Abendmahl gegenüber den unbeschnittenen Heidenchristen teilweise einherging. Dies stellt nurmehr die Grundlage dar für das neue, größere Gottesvolk, dessen Messias zwar dem Volke Israel entstammt, die Frohe Botschaft und das ewige Heil aber – in der Deutung des Paulus – allen Menschen zuspricht, die an seine Gottessohnschaft und erlösende Kraft glauben. So schreibt Paulus am Ende des dritten Kapitels des Briefes an die Galater, durchaus die jüdische Gesetzesreligion wertschätzend: »Ehe aber der Glauben kam, waren wir unter dem Gesetz verwahrt und verschlossen auf den Glauben hin, der dann offenbart werden sollte. / So ist das Gesetz unser Zuchtmeister gewesen auf Christus hin, damit wir durch den Glauben gerecht würden. / Nachdem aber der Glaube gekommen ist, sind wir nicht mehr unter dem Zuchtmeister. / Denn ihr seid alle durch den Glauben

Gottes Kinder in Christus Jesus. / Denn ihr alle, die ihr auf Christus getauft seid, habt Christus angenommen. / Hier ist nicht Jude noch Grieche, hier ist nicht Sklave noch Freier, hier ist nicht Mann noch Frau, denn ihr seid allesamt eines in Christus Jesus. / Gehört ihr aber Christus an, so seid ihr in Abraham Kinder und nach der Verheißung Erben.«[24]

Auerbach bezeichnet das Alte Testament konsequent mit Paulus als »bloßen Schatten des Kommenden«, es nehme lediglich eine dienende Rolle ein, »Verheißung und Vorgeschichte Christi« zu sein. Das versteht Auerbach als zukunftsweisend, denn »was das AT dabei an Gesetzeskraft und an geschichtlich-volkstümlicher Eigenständigkeit einbüßte, gewann es an neuer dramatisch-konkreter Aktualität«.[25] Später preist Auerbach im ersten Kapitel von *Mimesis* die bahnbrechende »Deutungsarbeit«, die Paulus und nach ihm die Kirchenväter, besonders Augustin, geleistet hätten: »Sie deuteten die gesamte jüdische Überlieferung um in eine Reihe von vorbedeutenden Figuren des Erscheinens Christi, und wiesen dem römischen Reich seinen Platz an innerhalb des göttlichen Heilsplanes.«[26]

IV.

Eine eigene Untersuchung wäre die Frage wert, inwieweit diese Auffassung einer paradoxerweise ursprünglich christlich motivierten Säkularisierung mit Max Webers wirtschafts- und kulturgeschichtlichem Begriff der Moderne zusammenhängt. Die berühmte Schrift *Die protestantische Ethik und der »Geist« des Kapitalismus* erschien immerhin, kurz bevor Auerbach in Heidelberg Jura studierte. Auch kommt seine Paulus-Deutung jener Interpretation verblüffend nahe, die der aus dem akademischen Protestantismus stammende Weber im genealogischen Horizont des modernen Stadtbürgertums entwickelte.[27]

Eine Übergangsfigur zum modernen Freiheitsbewusstsein, die Auerbachs Deutungsarbeit unabhängig von religiösen Einbindungen antreibt, ist in »Figura« der Römer Cato, dem schon in der englischen Aufklärung eine prominente Rolle zukam. Auerbach griff in seiner Interpretation auf Dante zurück, der dem überzeugten römischen Republikaner in der *Göttlichen Komödie* gleich dem Vergil eine besondere Rolle eingeräumt hatte, auch wenn Cato selbst nicht mehr Teil des christlichen Heilsplanes hatte sein können: »Cato von Utica also ist es, den Gott hier zum Wächter am Fuße des Purgatorio bestellt hat: einen Heiden, einen Feind Cäsars, einen Selbstmörder. Das ist sehr erstaunlich«.[28] Auerbach führt die figurale Deutung an, die Dante gleichsam als Legitimation diene, dem römischen Heiden diesen prominenten Platz in seinem Gedicht zu gewähren: »Die Geschichte Catos ist aus ihrem irdisch-politischen Zusammenhang herausgenommen, genau wie es die patristischen Erklärer des Alten Testaments mit den einzelnen Geschichten Isaacs und Jacobs u. a. taten«.[29] Obwohl er ein »Selbstmörder« ist, verkörpert der Gegner Cäsars, der sich demonstrativ das Leben nimmt, um nicht in einer Tyrannei leben zu müssen, in einer unvollendeten Figur schon die »christliche Freiheit«, die nach ihm erst Realität wird: »Cato ist eine *figura*, oder vielmehr der irdische Cato, der in Utica für die Freiheit dem Leben entsagte [...]. Denn die politische und irdische Freiheit, für die er starb, ist nur *umbra futurorum* gewesen: eine Präfiguration jener christlichen Freiheit, als deren Hüter er hier bestellt ist«.[30]

Ohne Zweifel spiegeln diese Zeilen auch den Trost, den die philologische Erinnerung an einen historischen Märtyrer der Freiheit Erich Auerbach im eigenen Exil spenden konnte, zumal er selbst keineswegs ein Held gewesen war, sondern sich zum Bedauern mancher jüdischer Freunde in den Marburger Jahren lange schweigsam an die Verhältnisse nach 1933 angepasst hatte. Aber es stimmt versöhnlich, wenn

Auerbach am Ende dieses Porträts die Gestalt des Cato mit jener des historischen Judentums gemeinsam als Inkarnationen dessen würdigt, was im Selbstopfer Christi eine weitere jüdisch-christliche Figur der Freiheit bieten wird. In aller Ambivalenz wohnt »Figura« auch eine tiefe Pietät vor dem eigenen Herkommen inne, die mit der Dankbarkeit verschmilzt, die Auerbach mit Dante auch gegenüber dem römischen Sinn für moralisch und religiös aufrechtes Handeln des Menschen zeigt: »Die Gestalt Catos, als eines strengen, gerechten und frommen Mannes, der in einem bedeutenden Augenblick seines Geschicks und der providentiellen Weltgeschichte die Freiheit höher geachtet hat als das Leben, wird in ihrer vollen geschichtlichen und persönlichen Kraft erhalten; es wird daraus keine Allegorie der Freiheit, sondern es bleibt Cato von Utica, so wie Dante ihn als persönlich-einmaligen Menschen sah; aber er wird aus der irdischen Vorläufigkeit, in der er die politische Freiheit als höchstes Gut ansah, wie die Juden die strenge Bewahrung des Gesetzes, herausgehoben in den Zustand endgültiger Erfüllung, wo es nicht mehr sich um irdische Werke der Bürgertugend und des Gesetzes handelt, sondern um [...] das höchste Gut, die Freiheit der unsterblichen Seele im Anblick Gottes.«[31]

In dieser Zusammenschau von jüdischer, römischer und christlicher Wahrnehmung der Realität wird zugleich das säkulare Denken angedeutet, das in *Mimesis* am Ende dieses langen Weges steht, den, folgt man Hegel, Sokrates mit seinem freiwilligen Tod als Zeichen der »modernen Subjektivität« eröffnet hatte. Aber Auerbach knüpft in seinen Gedanken im Geiste der Romantik vor allem auch an Dante an. Dieser schuf in der *Göttlichen Komödie* ein religiös wie säkular lesbares Werk, das über die historische Zeit hinwegheben konnte, indem es eine dichterische Vision der höheren Wirklichkeit entwarf. Dante wurde für Erich Auerbach über die Jahre des Exils erneut zum inneren Gegenüber, so wie der *Dichter der irdischen Wirklichkeit* es schon in den krisenhaften Jahren der Weimarer Republik vermocht hatte, den Philologen über die dürftige Gegenwart hinaus zu tragen, ohne sie zu verleugnen. Vielmehr lag die Entdeckung Auerbachs schon damals darin, dass mit der Leidensgeschichte Christi ein hermeneutischer Schlüssel gefunden war, der aller Wirklichkeit gerecht werden konnte und sogar die Möglichkeit in sich barg, dem menschlichen Elend nicht das letzte Wort lassen zu müssen: »Der historische Kern des Christentums, das heißt die Kreuzigung Christi und die damit zusammenhängenden Ereignisse, überbieten an Paradoxie und Spannungsweite der darin beschlossenen Gegensätze die ganze antike Überlieferung«.[32] Entscheidend wird von daher, ohne dass Auerbach schon die Figuraldeutung als Begriff entwickelt hätte, die Haltung des je einzelnen Christen, um die es Dante gehe: »Hingabe an das Geschick, Unterwerfung unter das Leiden der Kreatur ist als Buße und Prüfung christliche Pflicht, so wie sie das Vorbild der Parusie lehrte«.[33]

Erneut offenbaren die Schlusspassagen von »Figura«, wie Auerbach sich ein Jahrzehnt später im Exil an Dante zu erbauen vermag, der auf der Höhe des mittelalterlichen Christentums im eigenen Exil mit der *Göttlichen Komödie* entscheidende Szenen einzelner Geschicke volkssprachlich verdichtet hatte. Für den Philologen konnte Dante wie kein anderer Dichter mit seinen Versen lebendig werden lassen, was die sprachliche Arbeit an innerer Vergegenwärtigung einer vorgestellten Person leisten kann, unabhängig davon, ob sie historisch wirklich ist oder nicht. Denn das dichterische Bewusstsein bedarf nicht mehr der geschichtlichen Verifizierung, es schafft eine größere Unabhängigkeit, um in allen Bedrängnissen nicht das Gefühl der Freiheit verlieren zu müssen. Im Blick auf die *Vita Nuova* und die inspirierende Gestalt der Himmelsführerin Beatrice heißt es: »Freilich kann es sich bei dieser Wirklichkeit nur um eine Erlebniswirklichkeit Dantes handeln – denn ein Dichter formt und verwandelt das ihm Geschehende in seinem Bewußtsein, und nur von dem, was in diesem Bewußtsein lebt, nicht von einer äußeren Wirklichkeit ist auszugehen. Und ferner ist zu berücksichtigen, daß auch die irdische Beatrice vom ersten Tag ihres Erscheinens an ein vom Himmel gesandtes Wunder ist, eine Inkarnation göttlicher Wahrheit. Das Wirkliche ihrer irdischen Gestalt ist also nicht, wie bei Vergil oder Cato, bestimmten Daten einer geschichtlichen Überlieferung, sondern der eigenen Erfahrung entnommen, und diese Erfahrung zeigte ihm die irdische Beatrice als Wunder.«[34]

V.

Auch der Kulturphilosoph Erich Auerbach lebt von der philologischen Vergegenwärtigung solch wunderbarer Gestalten der Geistesgeschichte. Paulus, Dante, Montaigne und Vico erhalten in seinen Deutungen eine neue Realität, die aus den philosophischen und theologischen Perspektiven der Zeit schöpfen, aber doch ganz eigene Synthesen darstellen, geprägt vom geschichtlichen Untergrund des Lebens, auf dem sein Werk steht, ohne in der Biographie aufzugehen. So sagt Auerbach selbst in »Über Absicht und Methode«, einer späten Reflexion seines Ansatzes: »Jedenfalls aber ist das, was wir an einem Werk verstehen und lieben, das Dasein eines Menschen, eine Möglichkeit unserer selbst.«[35]

In diesem Sinne sind die vier ausgewählten Protagonisten seiner Literaturhistorie exemplarische Figuren der Passion, deren Lebensläufe verbindet, dass ihre Gedanken sich auch Zuständen menschlicher Einsamkeit verdanken, einer gewissen Unzeitgemäßheit, die sie erlitten, auch im Stolz, für ein erst werdendes zukünftiges Publikum zu glauben, zu denken, zu deuten und zu schreiben. Paulus war als Heidenapostel anfangs isoliert unter den Jüngern, später starb er als Christ in Rom des Märtyrertod; Dante lebte über Jahrzehnte als Exilant, der mit dem Alten Testament das »salzige Brot der

Fremde« aß; Montaigne wird von Auerbach in dessen selbst gewählter »Einsamkeit« geschildert. Und Vico teilt als »subalterner Professor im spanischen Neapel, voll Schüchternheit und Bedrängnis, im Kampf mit seiner ganzen Zeit« das Schicksal »prophetischer Einsamkeit«: »Ganz allein ›nach rückwärts wie nach vorwärts völlig vereinsamt‹, sucht Vico den Weg Gottes in der Geschichte.«[36]

Der Religionsgründer, der Dichter, der Schriftsteller und der Gelehrte sind besondere Figuren der Passion, die bei unterschiedlichen Glaubensweisen doch alle bewegt sind von letzten Gedanken. Diese gehen im horizontalen Verlauf der Geschichte nicht auf, sondern ihre drängenden Fragen und Hoffnungen sind auf sehr unterschiedliche Art in die Vertikale gerichtet, den alten Gedanken der Vorsehung in jüdisch-christlicher, katholischer, kulturphilosophischer und säkular-moderner Weise darstellend. Jeder von ihnen schöpfte aus dem inneren Gespräch mit der großen abendländischen Tradition und bildete mit der Zeit ein größeres oder kleineres Publikum, das aus der anfänglichen Einsamkeit der prophetischen Existenz eine Gemeinschaft derjenigen schuf, die in ihren Zeiten angeregt und herausgefordert sind, ihre Gedanken neu zu vergegenwärtigen.

Neben Paulus und Dante, die als Christen das jüdische Element ernst nehmen, ist es auffallend, dass Auerbach schon in der ersten Arbeit zu Vico dessen Sensibilität für die jüdische Welt und ihren Glauben unterstreicht, da dieser die »unmittelbare göttliche Offenbarung« und die »hebräische Geschichte, vor und nach Christus« als »singulär« hervorhebt.[37] Auch für Montaigne betont schon sein früher Essay die jüdische Herkunft, die verborgen unter der vornehmen Maske des französischen Landadels historisch erkennbar bleibt. Man könnte für alle vier wie auch für Erich Auerbach selbst den Gedanken einer »jüdischen Philologie« sicherlich auch in dem Sinne stark machen, dass sie die kulturelle Technik, historische Texte zum Sprechen zu bringen, ihnen eine Fülle von Bedeutungsmöglichkeiten zu entlocken und abzuverlangen, meisterlich beherrschten, getrieben von einer Gewissenhaftigkeit, die im einsamen Dialog mit dem vorgestellten und schriftlichen Gegenüber auf ihre gedankliche Höhe kommt. Die geistige Situation des erzwungenen oder gesuchten Exils wird zur Voraussetzung, um etwas zur Sprache zu bringen, das gedanklich über die menschliche Einsamkeit hinauswächst und über Zeiten und Räume eine Gemeinsamkeit schafft, die der Geschichtlichkeit des Menschen verwandelnd eingedenk bleibt. Dass *Mimesis* in diesem Sinne seine Wirkung nach der Katastrophe der Zeit entfalten könne, hat Auerbach in der ihm eigenen Form, vornehm Konkretes zu verhüllen, in dessen Nachwort zum Ausdruck gebracht: »Möge meine Untersuchung ihre Leser erreichen; sowohl meine überlebenden Freunde von einst wie auch alle anderen, für die sie bestimmt ist; und dazu beitragen, diejenigen wieder zusammenzuführen, die die Liebe zu unserer abendländischen Geschichte ohne Trübung bewahrt haben.«[38]

Anmerkungen

Im Spiegel Montaignes
Prolog

1 Erich Auerbach: *Philologie der Weltliteratur. Sechs Versuche über Stil und Wahrnehmung*, Frankfurt a. M. 1992.
2 Erich Auerbach: »Philologie der Weltliteratur«, zitiert nach: ders.: *Gesammelte Aufsätze zur Philologie*, Neuauflage, hg. und ergänzt um Aufsätze, Primärbibliographie und Nachwort von Matthias Bormuth und Martin Vialon, Tübingen 2018, hier: S. 291–299, S. 296.
3 Erich Auerbach: *Mimesis. Dargestellte Wirklichkeit in der abendländischen Literatur*, Bern 1946.
4 Auerbach (Anm. 2), S. 296.
5 Vgl. Fritz Schalk: »Einleitung«, in: Auerbach (Anm. 2, *Gesammelte Aufsätze*), S. 9–19.
6 Vgl. Martin Vialon (Hg.): *Erich Auerbachs Briefe an Martin Hellweg (1939–1950). Edition und historisch-philologischer Kommentar*, Tübingen 1997.
7 Auerbach (Anm. 2), S. 299.
8 Erich Auerbach: »Der Schriftsteller Montaigne«, in: Auerbach (Anm. 2, *Gesammelte Aufsätze*), S. 180–190, S. hier: S. 181.
9 Ebd., S. 188.
10 Ebd., S. 186 f.
11 Ebd., S. 190.
12 Brief Erich Auerbach an Traugott Fuchs vom 22.10.1938; zitiert nach: Erich Auerbach: *Die Narbe des Odysseus. Horizonte der Weltliteratur*, hg. von Matthias Bormuth, Berlin 2017, S. 139–141, hier: S. 140.
13 Erich Auerbach: *Mimesis. Dargestellte Wirklichkeit in der abendländischen Literatur*, Bern 1949, S. 296.
14 Auerbach (Anm. 13), S. 285 f.
15 Vgl. Erich Auerbach: »Stefan Georges Danteübertragung«, in: Karlheinz Barck / Martin Treml (Hg.): *Erich Auerbach. Geschichte und Aktualität eines europäischen Philologen*, Berlin 2007, S. 410–414, hier: S. 411 f.
16 Erich Auerbach: *Dante als Dichter der irdischen Welt*, Leipzig 1929, S. 217 f.
17 Auerbach (Anm. 8), S. 184.
18 Ebd., S. 184 f.
19 Ebd., S. 185.
20 Ebd., S. 182.

Erich Auerbach – Kulturphilosoph im Exil
Eine Lebensskizze

1 Zitiert nach: Carlo Barck: »Erich Auerbach in Berlin. Spurensicherung und ein Porträt«, in: Carlo Barck / Martin Treml (Hg.): *Erich Auerbach. Geschichte und Aktualität eines europäischen Philologen*, Berlin 2007 und 2018, S. 195–214, hier: S. 199.

2 Vgl. Ulrich von Bülow: »›Alle wollen, und keiner weiss, was.‹ Erich Auerbach im Revolutionswinter 1918/19«, in: *Offener Horizont. Jahrbuch der Karl Jaspers-Gesellschaft* (5/2018), hg. von Matthias Bormuth, Göttingen 2018, S. 253–268, hier: S. 260.

3 Ebd., S. 257.

4 Ebd., S. 259.

5 Ebd., S. 257.

6 Barck (Anm. 1), S. 199.

7 Erich Auerbach: »Vicos Auseinandersetzung mit Descartes« (1921), in: ders.: *Gesammelte Aufsätze zur Philologie*, Neuauflage, hg. und ergänzt um Aufsätze, Primärbibliographie und Nachwort von Matthias Bormuth und Martin Vialon, Tübingen 2018, S. 361–376, hier: S. 361.

8 Die Restbestände der Bibliothek von Erich und Marie Auerbach werden seit kurzer Zeit mit seinem Nachlass im Deutschen Literaturarchiv in Marbach verwahrt und betreut.

9 Brief Erich Auerbach an Efraim Frisch, 16.2.1921, in: Nachlass *Der neue Merkur*, Leo Baeck Institute, New York.

10 Erich Auerbach: »Giambattista Vico«, in: Auerbach (Anm. 7), S. 377–380, hier: S. 377.

11 Erich Auerbach: *Mimesis. Dargestellte Wirklichkeit in der abendländischen Literatur*, Bern 1949, S. 518. Es handelt sich um die zweite, um einen Beitrag zu Cervantes' *Don Quijote* ergänzte Auflage des erstmals 1946 erschienenen Buches.

12 Vgl. Kader Konuk: *East West Mimesis. Auerbach in Turkey*, Stanford 2010, S. 138–143.

13 Victor Klemperer: »Philologie im Exil« (1948), in: *vor 33 / nach 45. Gesammelte Aufsätze*, Berlin 1956, S. 224–229, hier: S. 224.

14 Erich Auerbach: *Literatursprache und Publikum in der lateinischen Spätantike und im Mittelalter*, Bern 1958, S. 14.

15 Fritz Schalk: »Einleitung«, in: Erich Auerbach: *Gesammelte Aufsätze zur Romanischen Philologie*, hg. von Fritz Schalk und Gustav Konrad, Bern 1967, S. 7–18, hier: S. 7.

16 Vgl. ebd., S. 17.

17 Vgl. die Einleitung von Christian Rivoletti: »Zwischen Geschichte und Gegenwart: Kultur als Politik in den Exilaufsätzen«, in: Erich Auerbach: *Kultur als Politik. Aufsätze aus dem Exil zur Geschichte und Zukunft Europas (1938–1947)*, hg. von Christian Rivoletti, Konstanz 2014, S. 19–29.

18 Vgl. Michael Nerlich: *Romanistik und Anti-Kommunismus. Mit einer Stellungnahme des deutschen Romanisten-Verbandes*, Berlin 1978. Nerlichs Text wurde ursprünglich 1972 in dem Periodikum *Das Argument* veröffentlicht, in dessen Buchreihe die spätere Publikation auch erschien.

19 Vgl. Hans Helmut Christmann u. Frank-Rutger Hausmann in Verbindung mit Manfred Briegel: *Deutsche und österreichische Romanisten als Verfolgte des Nationalsozialismus*, Tübingen 1989; Neuschäfers Beitrag war übertitelt: »Sermo humilis. Oder: Was wir mit Erich Auerbach vertrieben haben« (S. 85–94) und Arnulf Stefenelli: »Ein Werk aus dem Exil: Erich Auerbachs *Introduction aux études de philologie romane*« (S. 95–106). In der Folge erschienen: Frank-Rutger Hausmann: *»Aus dem Reich der seelischen Hungersnot«. Briefe und Dokumente zur Fachgeschichte der Romanistik*, Würzburg 1993; Frank-Rutger Hausmann: *»Vom Strudel der Ereignisse verschlungen«. Deutsche Romanistik im »Dritten Reich«*, Frankfurt a. M. 2000; Frank-Rutger Hausmann: *Die Geisteswissenschaften im »Dritten Reich«*, Frankfurt a. M. 2011. Martin Vialon sei gedankt für die Orientierung in den fachgeschichtlichen Zusammenhängen.

20 Auerbach (Anm. 11), S. 22.

21 Erich Auerbach: »Der Schriftsteller Montaigne«, in Auerbach (Anm. 7), S. 180–190, hier: S. 187.

22 Brief Leo Spitzer an Karl Löwith, 21.4.1933, zit. nach: Matthias Bormuth: *Mimesis und der christliche Gentleman. Erich Auerbach schreibt an Karl Löwith*, Warmbronn 2006.

23 Ebd.

24 Hausmann (Anm. 19, *Hungersnot*), S. 8 f.

25 Vgl. ebd., S. 71–101.

26 Brief Erich Auerbach an Martin Hellweg, 22.6.1946, in: Erich Auerbach: *Die Narbe des Odysseus. Horizonte der Weltliteratur*, hg. und eingeleitet von Matthias Bormuth, Berlin 2017, S. 143–145, hier: S. 143.

27 Erich Auerbach: *Literatursprache und Publikum in der lateinischen Spätantike und im Mittelalter*, Bern 1958, S. 21.

28 Brief Fritz Schalk an Hugo Friedrich, 14.9.1948, in: Hausmann (Anm. 19, *Hungersnot*), S. 83.

29 Fritz Schalk: »Rezension zu: Auerbach. Das französische Publikum des

17. Jahrhunderts«, in: *VKR* 1934, S. 93. Den Hinweis verdanke ich den Kommentaren in: »Erich Auerbach: Briefe an Paul Binswanger und Fritz Schalk. Teil 1 (1930–1937)«, hg. von Isolde Burr und Hans Rothe, in: *Romanistisches Jahrbuch*, 60, 2009, S. 145–190, hier: S. 173.

30 Brief Erich Auerbach an Fritz Schalk, 29.5.1934, in: ebd.

31 Brief Erich Auerbach an Fritz Schalk, 2.6.1936, in: ebd., S. 178.

32 Brief Erich Auerbach an Fritz Schalk, 16.10.1936, in: ebd., S. 179.

33 Brief Erich Auerbach an Fritz Schalk, 23.10.1936, in: ebd., S. 180.

34 Vgl. den Kommentar, den Martin Vialon in seinen »Marginalien zu einem Lebensbild in Briefen« zu Auerbachs Brief an Karl Vossler vom 10.10.1938 gibt, in: Martin Vialon (Hg.): *Und wirst erfahren wie das Brot der Fremde so salzig schmeckt. Erich Auerbachs Briefe an Karl Vossler 1926–1948*. Mit einem Nachwort, Warmbronn 2007, S. 30–38, hier: S. 37.

35 Vgl. Erich Auerbach: »Über Pascals politische Theorie«, in: Auerbach (Anm. 7), S. 199–215, hier: S. 205.

36 Fritz Schalk: *Französische Moralisten*, Leipzig 1938 u. ders.: *Französische Moralisten. Neue Folge*, Leipzig 1940.

37 Brief Erich Auerbach an Fritz Schalk, 19.5.1936, in: »Auerbach: Briefe an Binswanger und Schalk. Teil 1 (1930–1937)«, (Anm. 29), S. 177 f.

38 Brief Erich Auerbach an Fritz Schalk, 26.10.1936, in: ebd., S. 181.

39 Brief Erich Auerbach an Fritz Schalk, 28.1.1937, in: ebd., S. 184. Ich beziehe mich auf das Zitat aus dem Aufsatz von Delbrück, das der Kommentar bietet. Vgl. Hans Delbrück: »Eine Professoren-Gewerkschaft«, in: *Preußische Jahrbücher* 129 (1907), S. 129–142.

40 Brief Erich Auerbach an Fritz Schalk, 16.6.1937, in: »Auerbach: Briefe an Binswanger und Schalk. Teil 1 (1930–1937)«, (Anm. 29), S. 187.

41 Vgl. Clemens Auerbach: »Summer 1937«, in: Barck / Treml (Anm. 1), S. 495–500.

42 Brief Erich Auerbach an Fritz Schalk, 8.1.1947, in: »Erich Auerbach: Briefe an Paul Binswanger und Fritz Schalk. Teil 2 (1947–1957)«, hg. von Isolde Burr und Hans Rothe, in: *Romanistisches Jahrbuch* (62) 2011, S. 133–190, hier: S. 137 f.

43 Brief Erich Auerbach an Fritz Schalk, 14.7.1947, in: ebd., S. 141.

44 Brief Erich Auerbach an Fritz Schalk, 26.4.1949, in: ebd., S. 147.

45 Brief Erich Auerbach an Fritz Schalk, 10.10.1949, in: ebd., S. 149 f.

46 Brief Erich Auerbach an Fritz Schalk, 29.11.1951, in: ebd., S. 157.

47 Brief Erich Auerbach an Fritz Schalk, 18.12.1952, in: ebd., S. 164 f.

48 Brief Erich Auerbach an Fritz Schalk, 5.4.1953, in: ebd., S. 166.

49 Vgl. Olaf Müller: »Pathos und Irdischer Verlauf. Das Marburger

Gästebuch von Leo Spitzer und Erich Auerbach«, in: *Literaturkritik.de Rezensionsforum*, 11.11.2017.

50 Brief Erich Auerbach an Fritz Schalk, 25.7.1952, in: »Auerbach: Briefe an Binswanger und Schalk. Teil 2 (1947–1957)« (Anm. 42), S. 160. Es handelt sich um eine »freie Übersetzung« der Herausgeber, der originale Eintrag Auerbachs aus dem Petrarca-Sonett 131, VV 13–14 lautet: »… anzi mi glorio / D'esser servato alla stagion più tarda (Petrarca)«.

51 Brief Erich Auerbach an Fritz Schalk, 18.8.1957, in: »Auerbach: Briefe an Binswanger und Schalk. Teil 2 (1947–1957)« (Anm. 42), S. 186.

52 Fritz Schalk: »Nachruf auf Erich Auerbach«, in: *Romanische Forschungen* (1957).

53 Die deutsche Übersetzung entstammt dem Einleitungstext der kleinen Auswahl von Essays und Briefen Auerbachs, die 2017 erschien in: Auerbach (Anm. 26), S. 25.

54 Schalk (Anm. 15), S. 7.

55 Brief Rudolf Bultmann an Marie Auerbach, 10.11.1957, in: Martin Vialon: »Erich Auerbach und Rudolf Bultmann. Probleme abendländischer Geschichtsdeutung«, in: Matthias Bormuth und Ulrich von Bülow (Hg.): *Marburger Hermeneutik zwischen Tradition und Krise*, Marbach 2007, S. 176–206, hier: S. 178.

56 Auerbach (Anm. 11), S. 518.

57 Ernst Troeltsch: *Der Historismus und seine Probleme. Erstes Buch: Das logische Problem der Geschichtsphilosophie*, Tübingen 1922, S. 10.

58 Auerbach (Anm. 7, »Vicos Descartes«), S. 362.

59 Ebd., S. 367.

60 Ebd., S. 368 und Erich Auerbach: »Vorrede des Übersetzers«, in: Giambattista Vico: *Die Neue Wissenschaft über die gemeinschaftliche Natur der Völker. Nach der Ausgabe von 1744 übersetzt und eingeleitet von Erich Auerbach*, München 1924, S. 9–39, hier: S. 25.

61 Carl Friedrich v. Weizsäcker: »Nachwort«, in: Giambattista Vico: *Vom Wesen und Weg der geistigen Bildung*, Bonn 1946, S. 159–162, hier: S. 161.

62 Ebd., S. 162.

63 Brief Erich Auerbach an Efraim Frisch, 16.2.1922. Der Brief befindet sich im Online-Archiv der Zeitschrift *Der neue Merkur*, das das New Yorker Leo Baeck Institute verwahrt.

64 Auerbach (Anm. 7, »Vicos Descartes«), S. 369.

65 Auerbach (Anm. 10, »G. Vico«), S. 379 f.

66 Erich Auerbach: »Vico und Herder«, in: Auerbach (Anm. 7), S. 216–225, hier: S. 222.

67 Erich Auerbach: »Giambattista Vico und die Idee der Philologie«, in: ebd., S. 226–234, hier: S. 232.

68 Ebd., S. 234.

69 Auerbach (Anm. 66), S. 222 f.

70 Auerbach (Anm. 67), S. 234.

71 Erich Auerbach: »Vico«, in: Auerbach (Anm. 7), S. 381–382, hier: S. 382.

72 Auerbach (Anm. 66), S. 220.

73 Erich Auerbach: »Die Entdeckung Dantes in der Romantik«, in: Auerbach (Anm. 7), S. 172–179, hier: S. 175.

74 Ebd.

75 Ebd., S. 178.

76 Erich Auerbach: *Dante als Dichter der irdischen Welt*, Berlin 1929, S. 18.

77 Ebd., S. 21.

78 Ebd., S. 22.

79 Erich Auerbach: »Passio als Leidenschaft«, in: Auerbach (Anm. 7), S. 158–171, hier: S. 161.

80 Auerbach (Anm. 66), S. 216.

81 Auerbach (Anm. 11), S. 19.

82 Erich Auerbach: »Epilegomena zu Mimesis« (1954), zit. nach: Barck / Treml (Anm. 1), S. 466–479, hier: S. 467.

83 Auerbach (Anm. 11), S. 19.

84 Martin Vialon berichtet von drei Postkarten zwischen Dezember 1937 und Dezember 1939, auf denen sich Auerbach mit Bultmann über theologische Fachliteratur zu »Figura« verständigte. Vgl. Vialon (Anm. 55), S. 189.

85 Auerbach (Anm. 11), S. 75.

86 Martin Vialon bietet das Gutachten, das Leo Spitzer zu *Dante als Dichter der irdischen Welt* 1929 schrieb, auszugsweise in: Martin Vialon (Hg.): *Erich Auerbachs Briefe an Martin Hellweg (1939–1950). Edition und historisch-philologischer Kommentar*, Tübingen 1997, S. 60–62.

87 Vgl. Helmut Kuhn: »Literaturgeschichte als Geschichtsphilosophie. Rezension zu: Erich Auerbach: Mimesis. Dargestellte Wirklichkeit in der abendländischen Literatur«, in: *Philosophische Rundschau* 11 (1963), S. 222–248, hier: S. 248.

88 Vgl. Schalk (Anm. 15), S 17. Auch nennt er an dieser Stelle jene Altphilologen, deren Einwände gegen den polemischen Geist des Homer-Kapitels Auerbach in den »Epilegomena zu Mimesis« aufgriff.

89 Erst der Tagungsband von Barck und Treml, der 2018 neu ediert wurde, machte die »Epilegomena zu Mimesis« im Jahr 2007 wieder breiter zugänglich. Vgl. Barck / Treml (Anm. 1), S. 466–476.

90 Erich Auerbach: »Figura«, in: Auerbach (Anm. 7), S. 5–90, hier: S. 85.

91 Ebd., S. 84.

92 Ebd.

93 Erich Auerbach: »Benedetto Croce«, in: Auerbach (Anm. 16), S. 187 f., hier: S. 188.

94 Auerbach (Anm. 73), S. 177 f.

95 Brief Erich Auerbach an Oskar Siebeck, 2.3.1928, in: Matthias Bormuth (Hg.): *Wahrhafte Wirklichkeit. Erich Auerbach in einer Folge von Briefen*, Warmbronn 2017, S. 7 f., hier: S. 7.

96 Auerbach (Anm. 76), S. 216 f.

97 Auerbach (Anm. 11), S. 289.

98 Ebd., S. 296.

99 Erich Auerbach: »Rezension zu: Paul Binswanger. Die ästhetische Problematik Flauberts«, in: Auerbach (Anm. 7), S. 321–323, hier: S. 322.

100 Erich Auerbach: »Romantik und Realismus«, in: Auerbach (Anm. 7), S. 383–392, hier: S. 389.

101 Ebd., S. 391.

102 Erich Auerbach: »Marcel Proust. Der Roman von der verlorenen Zeit«, in: Auerbach (Anm. 7), S. 286–290, hier: S. 287.

103 Auerbach (Anm. 11), S. 509.

104 Ebd., S. 494.

105 Ebd., S. 513 f.

106 Ebd., S. 507.

107 Erich Auerbach: »Philologie der Weltliteratur«, in: Auerbach (Anm. 7), S. 291–299, hier: S. 296.

108 Ebd.

109 Ebd.

110 Erich Auerbach: »Rezension zu Leo Spitzer: Romanische Stil- und Literaturstudien«, in: Auerbach (Anm 7), S. 336–338, hier: S. 337.

111 Erich Auerbach: »Rezension zu Ernst Robert Curtius: Europäische Literatur und lateinisches Mittelalter«, in: Auerbach (Anm. 7), S. 324–331, hier: S. 326.

112 Auerbach (Anm. 107), S. 297.

113 Ebd.

114 Auerbach (Anm. 113), S. 324.

115 Auerbach (Anm. 107), S. 291.

116 Auerbach (Anm. 7, »Vicos Descartes«), S. 369.

117 Erich Auerbach: »Stefan Georges Danteübertragung«, in: Barck / Treml (Anm. 1), S. 410–414, hier: S. 411.

118 Ebd.

119 Troeltsch (Anm. 57), S. 698.

120 Ebd., S. 698 f.

121 Gerhard Hess: »Mimesis. Zu Erich Auerbachs Geschichte des abendländischen Realismus«, in: *Romanische Forschungen* 61 (1948), S. 173–211, hier: S. 180.

122 Ihm war dieser Text so wichtig, dass er es als »sehr unangenehm« empfand, als die *Romanischen Forschungen* aus Versehen 1956 keine Sonderdrucke herstellten. Vgl. Brief Erich Auerbach an Fritz Schalk, 3.12.1956, in: »Auerbach: Briefe an Binswanger und Schalk. Teil 2 (1947–1957)«, (Anm. 42), S. 185.

123 Erich Auerbach: »Rezension zu René Wellek: *A History of Modern Criticism*«, in: Auerbach (Anm. 7), S. 349–357, hier: S. 353.

124 Ebd.

125 Ebd.

126 Brief Erich Auerbach an Paul Binswanger, 31.5.1955, in: »Auerbach: Briefe an Binswanger und Schalk. Teil 2 (1947–1957)«, (Anm. 42), S. 174.

127 Vgl. Auerbach (Anm. 27), S. 24.

128 Vgl. ebd., S. 258 f.

129 Ebd., S. 259.

130 Vgl. Erwin Panofsky: *Studien zur Ikonologie der Renaissance*, 2. Auflage, Köln 1997.

131 Zum Verhältnis beider vgl. Auerbachs Brief an Panofsky vom 14.1.1949 und den zugehörigen Kommentar in: Auerbach (Anm. 26), S. 149–151.

132 Friedrich Nietzsche: *Menschliches, Allzumenschliches I und II. Kritische Studienausgabe* Bd. 2, hg. von Giorgio Colli und Mazzino Montinari, München 1980, S. 16 u. S. 21.

133 Friedrich Nietzsche: *Fröhliche Wissenschaft. Kritische Studienausgabe* Bd. 3, hg. von Giorgio Colli und Mazzino Montinari, München 1980, S. 600.

134 Vgl. Karlheinz Barck: »Erich Auerbach in Berlin. Spurensuche und ein Porträt«, in: Barck / Treml (Anm. 1), S. 195–214, hier: S. 196–199.

135 In der »Confidential Information«, die Auerbach im September 1935 dem amerikanischen *Emergency Committee in Aid of Displaced Foreign Scholars* gab, schrieb er: »Ich gehöre der jüdischen Religionsgemeinschaft an, stehe aber auch durch meine Arbeiten seit vielen Jahren in Beziehung zu christlich theologischen, besonders katholischen (Guardini, Gilson) Kreisen.«

136 Vgl. Jim I. Porter: »Introduction«. in: Erich Auerbach: *Time, History, and Literature. Selected Essays*. Edited and with an Introduction from James I. Porter, Princeton 2014, S. XL–XLV.

137 Auerbach (Anm. 90), S. 90. Vgl. die Akte Erich Auerbachs im Archiv der Organisation, die die *Archives and Manuscript Division of the New York Public Library* verwaltet.

138 Auerbach (Anm. 11), S. 17.

139 Brief Erich Auerbach an Alexander v. Rüstow, Dezember 1941, zitiert in: Martin Vialon: »Helle und Trost für eine ›neue Menschlichkeit‹. Erich Auerbachs türkisches Exilbriefwerk«, in: *Jahrbuch der Deutschen Akademie für Sprache und Dichtung 2010*, Göttingen 2011, S. 18–47, hier: S. 38.

140 Brief Erich Auerbach an Martin Hellweg, 22.6.1946, in: Auerbach (Anm. 26), S. 143–145, hier: S. 145.

141 Auerbach (Anm. 107), S. 299.

142 Auerbach (Anm. 7, »Vicos Descartes«), S. 361.

143 Erich Auerbach: »Ein Brief an Fredrik Böök«, 11.10.1947, in: *Offener Horizont. Jahrbuch der Karl Jaspers-Gesellschaft* (4/2017), hg. von Matthias Bormuth, Göttingen 2017, S. 137–138. Vgl. Martin Vialon: »›Die Katastrophen des Jahrhunderts haben es bewirkt, dass ich nirgends hingehöre …‹ Erich Auerbach als Literatursoziologe und Autor von *Mimesis*«, in: ebd., S. 118–130.

144 Friedrich Nietzsche: *Jenseits von Gut und Böse. Kritische Studienausgabe* Bd. 5, hg. von Giorgio Colli und Mazzino Montinari, München 1980, S. 9–43, hier: S. 58.

145 Erich Auerbach: »Rezension zu Hugo Friedrich: Montaigne«, in: Auerbach (Anm. 7), S. 316 f., hier: S. 317.

146 Vgl. Auerbach (Anm. 11), S. 506.

147 Auerbach (Anm. 90), S. 79.

148 Vgl. Erich Auerbach: *Zur Technik der Frührenaissancenovelle in Italien und Frankreich*, zweite, durchgesehene Auflage, mit einem Vorwort von Fritz Schalk, Heidelberg 1971.

149 Auerbach (Anm. 60, »Vorrede«), S. 36.

150 Gotthold Ephraim Lessing: *Nathan der Weise*, Stuttgart 2019, S. 61.

151 Ebd., S. 157.

152 Ebd., S. 119. Die Zusammenschau der Zitate verdanke ich der hervorragenden Interpretation des Stückes von: Hugh Barr Nisbet: *Lessing. Eine Biographie*, München 2008, S. 800.

»Alles ist provisorisch.« Karl Löwith als Schicksalsgefährte

1 Zu Auerbachs Marburger Jahren vgl.: Martin Vialon: »Zu Leben und Werk des Marburger Romanisten in der Zeit des Faschismus«, in: *lendemains. Vergleichende Frankreichforschung*, Heft 75/76 (1994), S. 135–155; ders.: »Erich Auerbach. Zu Leben und Werk des Marburger Romanisten in der Zeit des Faschismus«, in: Jörg Jochen Berns (Hg.): *Marburg-Bilder. Eine Ansichtssache. Zeugnisse aus fünf Jahrhunderten*, Marburg 1996, S. 383–408 u. ders.: *Erich Auerbachs Briefe an Martin Hellweg (1939–1950). Edition und historisch-philologischer Kommentar*, Tübingen 1997.

2 Karl Löwith: *Von Rom nach Sendai. Von Japan nach Amerika. Reisetagebuch 1936 und 1941*, Marbach 2001, S. 7–13.

3 Das lässt sich seinen Briefen an Walter Benjamin und seinen Mentor Karl Vossler entnehmen, die auszugsweise schon publiziert wurden. Vgl. Brief Erich Auerbach an Walter Benjamin, Rom, 23.9.35, in: Karlheinz Barck: »5 Briefe Erich Auerbachs an Walter Benjamin in Paris«, in: *Zeitschrift für Germanistik* 1 (1988), S. 688–694, hier: S. 689 und Martin Vialon: »The Scars of Exile: Paralipomena concerning the Relationship between History, Literature and Politics – demonstrated in the Examples of Erich Auerbach, Traugott Fuchs and their Circle in Istanbul«, in: *Yeditepe'de Felsefe. A refereed Yearbook*, Number 2, T. C. Yeditepe Ünversitesi Yayinlari, July 2003, S. 191–246, hier: S. 198 f., 217 f., 222 f.

4 Vgl. Brief Erich Auerbach an Martin Hellweg, 22.6.1946, in: Vialon (Anm. 1, Briefe an Hellweg), S. 69 f.

5 Erich Auerbach: *Literatursprache und Publikum in der lateinischen Spätantike und im Mittelalter*, Bern 1958, S. 15.

6 Erich Auerbach: »Epilegomena zu Mimesis«, in: *Romanische Forschungen* 65 (1954), S. 1–18, hier: S. 18.

7 Ebd., S. 17 f.

8 Erich Auerbach: *Mimesis. Dargestellte Wirklichkeit in der abendländischen Literatur*, Bern 1946, S. 497 f.

9 Ebd., S. 15.

10 Friedrich Nietzsche: »Unzeitgemässe Betrachtung II. Vom Nutzen und Nachtheil der Historie für das Leben« (1874), in: *Kritische Studienausgabe* Bd. 1, München 1980, S. 243–334, hier: S. 326.

11 Auerbach (Anm. 5), S. 15.

12 Vgl. Helmut Kuhn: »Literaturgeschichte als Geschichtsphilosophie.

Rezension zu Erich Auerbach: Mimesis. Dargestellte Wirklichkeit in der abendländischen Literatur«, in: *Philosophische Rundschau* 11 (1963), S. 222–248, hier: S. 248.

13 Der Nachlass von Karl Löwith enthält die beiden Briefe Erich Auerbachs, die er 1948 und 1953 in den Vereinigten Staaten an Löwith schrieb. Sie finden sich als Faksimiles erstmals abgedruckt in der Einzelausgabe dieses Essays: Matthias Bormuth: *Mimesis und Der christliche Gentleman. Erich Auerbach schreibt an Karl Löwith*, Warmbronn 2006.

14 Erich Auerbach: *Dante als Dichter der irdischen Welt*, Berlin 1929, S. 5 f.

15 Ebd., S. 10.

16 Ebd., S. 21.

17 Platon: *Der Staat. Über das Gerechte*, eingeführt von Gerhard Krüger, übertragen von Rudolf Rufener, Zürich 1950, 600c u. 607c.

18 Auerbach (Anm. 8), S. 18.

19 Auerbach (Anm. 6), S. 2.

20 Auerbach (Anm. 8), 18 f.

21 Ebd., S. 22.

22 Platon (Anm. 17), 606a-c.

23 Ebd., 606d.

24 Auerbach (Anm. 14), S. 21.

25 Platon (Anm. 17), 608d.

26 Auerbach (Anm. 14), S. 21.

27 Karl Löwith: »Der christliche Gentleman Über die Schizophrenie eines gesellschaftlichen Ideals« (1948), in: *Sämtliche Schriften* Bd. 3, Stuttgart 1985, S. 163–170.

28 Karl Löwith: »Heidegger – Denker in dürftiger Zeit«, in: *Sämtliche Schriften* Bd. 8, Stuttgart 1984, S. 124–234, hier: S. 181. Zur Analyse der Kritik Löwiths vgl. Matthias Bormuth: »›Wishful thinking‹ in der entgötterten Welt – Karl Löwith zwischen Martin Heidegger und Max Weber«, in: Friedrich-Wilhelm v. Herrmann / Carlo Gentili (Hg.): *Metafisica e nihilismo. Löwith e Heidegger interpreti di Nietzsche*, Bologna 2006.

29 Brief Erich Auerbach an Karl Löwith, 26.5.1953, Nachlass Löwith, DLA Marbach.

30 Martin Heidegger: *Sein und Zeit*, Tübingen 1993.

31 Vgl. Karl Löwith: *Mein Leben in Deutschland vor und nach 1933. Ein Bericht*, mit einem Vorwort von Reinhart Koselleck und einer Nachbemerkung von Ada Löwith, Stuttgart 1986, S. 29.

32 Heidegger verortet 1946 die »Kehre« seines Denkens im Vortrag »Vom Wesen der Wahrheit« (1930), wobei er zugesteht, dass man sich hiervon

erst 1943 habe öffentlich überzeugen können. Vgl. Martin Heidegger: »Brief über den Humanismus« (1946), in: *Wegmarken*, Frankfurt a. M. 1996. S. 313–364, hier: S. 327 f.

33 Löwith (Anm. 28), S. 181.

34 Karl Löwith: *Weltgeschichte und Heilsgeschehen. Die theologischen Voraussetzungen der Geschichtsphilosophie*, in: *Sämtliche Schriften* Bd. 2, Stuttgart 1983, S. 7–239, hier: S. 179.

35 Vgl. Auerbach (Anm. 18), S. 18.

36 Erich Auerbach: »Passio als Leidenschaft« (1941), in: ders.: *Gesammelte Aufsätze zur Philologie*, Neuauflage, hg. und ergänzt um Aufsätze, Primärbibliographie und Nachwort von Matthias Bormuth und Martin Vialon, Tübingen 2018, S. 158–171, hier: S. 161.

37 Erich Auerbach: »Figura« (1939), in: Auerbach (Anm. 36, Aufsätze), S. 55–90, hier: S. 80.

38 Ebd., S. 79.

39 Ebd.

40 Friedrich Nietzsche: »Der Antichrist«, in: *Kritische Studienausgabe* Bd. 6, München 1980, 165–254, hier: S. 217 f.: »Die ›Unsterblichkeit‹ jedem Petrus und Paulus zugestanden war bisher das grösste, das bösartigste Attentat auf die vornehme Menschlichkeit. – […] Niemand hat heute mehr den Muth zu Sonderrechten, zu Herrschafts-Rechten, zu einem Ehrfurchtsgefühl vor sich und seines Gleichen, – zu einem Pathos der Distanz.«

41 Vgl. Löwith (Anm. 27), S. 164.

42 Vgl. ebd., S. 164.

43 Vgl. ebd., S. 166 f.

44 Vgl. ebd., S. 170.

45 Vgl. ebd., S. 167 f.

46 Vgl. Brief Erich Auerbach an Karl Löwith, 4.7.1948, Nachlass Löwith, DLA Marbach.

47 Vgl. Auerbach (Anm. 5), S. 134 ff.

48 Vgl. Karl Löwith: »Curriculum vitae« (1959), in: Löwith (Anm. 31), S. 146–157, hier: 147 f.

49 Vgl. Max Weber: »Zwischenbetrachtung« (1919), in: ders.: *Gesammelte Aufsätze zur Religionssoziologie* Bd. 1. Tübingen 1920, S. 536–573, hier: S. 568.

50 Vgl. Auerbach (Anm. 5), S. 46 f.

51 Vgl. Auerbach (Anm. 14), S. 216 f.

52 Diesen Zusammenhang skizzierte Auerbach 1930 in seiner Marburger

Antrittsvorlesung »Dante und die Romantik«. Vgl. Erich Auerbach: »Die Entdeckung Dantes in der Romantik« (1930), in: Auerbach (Anm. 36, Aufsätze), S. 172–179.

53 Die gesamten Zusammenhänge finden sich in den Kapiteln 17 und 18 (alte Zählung) von *Mimesis*, vgl. Auerbach (Anm. 8), S. 466.

54 Vgl. ebd., S. 406 f.

55 Brief Leo Spitzer an Karl Löwith. 21.4.1933, Nachlass Löwith, DLA Marbach.

56 Ebd.

57 Auerbach (Anm. 8), S. 407.

58 Vgl. Erich Auerbach: »Der Schriftsteller Montaigne« (1932), in: Auerbach (Anm. 36, Aufsätze), S. 180–190, hier: S. 180 f.

59 Ebd., S. 187.

60 Auerbach (Anm. 8), S. 296.

61 Ebd., S. 280.

62 Ebd., S. 296.

63 Ebd., S. 297.

64 Ebd., S. 285 und S. 295.

65 Ebd., S. 271 f.

66 Ebd., S. 290.

67 Ebd., S. 289.

68 Ebd., S. 190 f.

69 Ebd., S. 193.

70 Ebd., S. 296.

71 Karl Löwith: »Welt und Menschenwelt« (1960), in: *Gesammelte Schriften* Bd. 1, Stuttgart 1981, S. 295–328, hier: S. 315.

72 Ebd., S. 297.

73 Vgl. ebd., S. 317.

74 Idealerweise sollen die Philosophen erst nach langjähriger Ausbildung im praktischen und wissenschaftlichen Leben mit rund fünfzig Jahren sich in der reinen Schau des Guten üben und »ihr übriges Leben lang abwechselnd die Stadt und die Mitbürger und sich selbst in Ordnung bringen.« Weiter schreibt Platon im 7. Buch des *Staates*: »Dabei soll jeder zwar die meiste Zeit der Philosophie widmen, wenn aber die Reihe an ihm ist, dann soll er sich um die öffentlichen Angelegenheiten kümmern.« Vgl. Platon (Anm. 17), 540a.

75 Vgl. Brief Hugo Friedrich an Karl Löwith, 27.2.1960, Nachlass Löwith, DLA Marbach.

76 Karl Löwith: »Zu Heideggers Seinsfrage: Die Natur des Menschen und

die Welt der Natur« (1969), in: *Gesammelte Schriften* Bd. 8, Stuttgart 1984, S. 276–289, hier: S. 289. Dieter Henrich hat schon 1967 aus Anlass von Löwiths 70. Geburtstag das »wahrhaft Einfache« dieser Philosophie in ihrem kritischen Rekurs von der ›Welt der Geschichte‹ hin zur ›Welt der Natur‹ gesehen, ihr Motiv der Suche nach einem »Verläßlich-Gründende[n]« ausmachend. In der Selbstrelativierung des historischen Individuums erkennt der Heidelberger Schüler und Kollege Löwiths die Tradition der römischen Stoa, eine uneitel sich bescheidende Haltung angesichts der größeren Natur. Vgl. Dieter Henrich: »Sceptico Sereno. Rede am 9.1.1967«, in: Hermann Braun (Hg.): *Natur und Geschichte. Karl Löwith zum 70. Geburtstag*, Stuttgart 1967.

77 Vgl. Martin Heidegger: »Spiegel-Gespräch mit Martin Heidegger« (23. September 1966), in: ders.: *Reden und Zeugnisse eines Lebensweges*, Frankfurt a. M. 2000, S. 652–683, hier: S. 671: »Nur noch ein Gott kann uns retten. Die einzige Möglichkeit einer Rettung sehe ich darin, im Denken und Dichten eine Bereitschaft vorzubereiten für die Erscheinung des Gottes oder für die Abwesenheit des Gottes im Untergang.«

Deutsche Menschen
Freundschaft mit Walter Benjamin

1 Die Informationen zu Walter Benjamin und den Hinweis auf den Brief, den Marie Auerbach an Traugott Fuchs, einen Schüler ihres Mannes, 1973 schrieb, verdanke ich Martin Vialon und seinem Aufsatz: »The Scars of Exile. Paralipomena concerning the Relationship between History, Literature and Politics – demonstrated in the Exampes of Erich Auerbach, Traugott Fuchs and their Circle in Istanbul«, in: *Felsefe Yeditepe'de. A Refereed Yearbook* 2 (2003), S. 191–246.

2 Vgl. Karlheinz Barck: »5 Briefe Erich Auerbachs an Walter Benjamin in Paris«, in: *Zeitschrift für Germanistik* 1988 Heft 6, S. 688–694.

3 Ernst Troeltsch: *Der Historismus und seine Probleme. Erstes Buch: Das logische Problem der Geschichtsphilosophie*, Tübingen 1922, S. 10.

4 Siegfried Kracauer: *Aufsätze (1915–1926)*, Werke 5.1, hg. von Inka Mülder-Bach, Frankfurt a. M. 1990, S.160.

5 Brief Erich Auerbach an Efraim Frisch, 16.2.1921, in: Nachlass *Der neue Merkur*, Leo Baeck Institute, New York.

6 Erich Auerbach: »Giambattista Vico«, in: *Der neue Merkur. Monatshefte*, Jg. VI., Heft 4, 1922, S. 249–252, zitiert nach: Erich Auerbach: *Die Narbe*

des Odysseus. Horizonte der Weltliteratur. Herausgegeben und eingeleitet von Matthias Bormuth, Berlin 2017, S. 46–51, hier: S. 46.

7 In der »Vorrede des Übersetzers« erfüllt Auerbach zuletzt seine »Verpflichtung des Dankes gegenüber dem Andenken Troeltschs, von dem die belebende Anregung zu meiner Beschäftigung mit Vico ausging.« Vgl. Giambattista Vico: *Die Neue Wissenschaft über die gemeinschaftliche Natur der Völker*. Nach der Ausgabe von 1744 übersetzt und eingeleitet von Erich Auerbach, S. 39.

8 Hannah Arendt: »Walter Benjamin« (1968/71), in: Detlev Schöttker / Erdmut Wizisla: *Arendt und Benjamin. Texte, Briefe Dokumente*, Frankfurt a. M. 2006, S. 47–97.

9 Als Erster wies Martin Vialon auf diese Zusammenhänge hin. Vgl. Martin Vialon: »Walter Benjamin – Erich Auerbach: Persönliche Bekanntschaft und Ausarbeitung einer Theorie der menschlichen Wahrnehmung für die Kunstmedien Literatur und Film«, in: Jörg Leinweber (Hg.): *Walter Benjamin-Sammlung J. Leinweber*, mit einem Vorwort von Iring Fetscher, Würzburg 1996, S. 121–126.

10 Erich Auerbach: *Mimesis. Dargestellte Wirklichkeit in der abendländischen Literatur*, Bern 1949, S. 512.

11 Vgl. Brief Erich Auerbach an Walter Benjamin, 6.10.1935, in: Auerbach (Anm. 6), S. 128 f.

12 Brief Erich Auerbach an Walter Benjamin, 3.1.1937, in: ebd., S. 132.

13 Vgl. ebd., S. 133.

14 Das Buch ist heute noch unter dem Autornamen Walter Benjamins im Suhrkamp Taschenbuchverlag erhältlich. Zitiert wird aus der Edition, die in der neuen *Kritischen Gesamtausgabe* erschienen ist: Walter Benjamin: *Deutsche Menschen*, hg. von Momme Brodersen, Frankfurt a. M. 2008.

15 Vgl. ebd., S. 175.

16 Ebd., S. 9.

17 Ebd., S. 10.

18 Das Zitat stammt aus einem Brief, den Goethe am 6.6.1825 an Zelter geschrieben hatte. Vgl. Benjamin (Anm. 14), S. 10.

19 Vgl. Brief Hannah Arendt an Gershom Scholem, 17.10.1941, in: Schöttker / Wizisla (Anm. 8), S. 151–155.

20 Schöttker / Wizisla (Anm. 8), S. 59 f.

21 Vgl. Hans Lieb: »Rezension zu ›Deutsche Menschen‹«, in: *National-Zeitung* (Basel), 6.12.1936 (Bücherseite), in: Benjamin (Anm. 14), S. 447.

Figuren der Passion
Epilog

1 Erich Auerbach: *Mimesis. Dargestellte Wirklichkeit in der abendländischen Literatur*, Bern 1946. Die zweite, bis heute lieferbare Auflage in der Sammlung Dalp (1949) wurde um ein Kapitel zu Cervantes' *Don Quijote* erweitert.

2 Edward Said: »Introduction to the Fiftieth-Anniversary Edition«, in: *Mimesis. The Representation of Reality in Western Literature*, Princeton 2003, S. IX–XXXII, IX.

3 Erich Auerbach: *Time, History, and Literature. Selected Essays of Erich Auerbach*, edited and with an introduction by James I. Porter, translated by Jane O. Newman, Princeton 2013.

4 Erich Auerbach: *Gesammelte Aufsätze zur Romanischen Philologie*, hg. von Fritz Schalk, Bern 1967.

5 Auerbach (Anm. 3), S. X.

6 Ebd., S. XIII.

7 Erich Auerbach: *Dante als Dichter der irdischen Welt* (1929), 2. Auflage mit einem Nachwort von Kurt Flasch, Berlin 2001.

8 Auerbach (Anm. 3), S. XXII.

9 Giambattista Vico: *Die Neue Wissenschaft über die gemeinschaftliche Natur der Völker*, nach d. Ausg. von 1744 übers. und eingel. von Erich Auerbach, Berlin 1925.

10 Sie erschien erst über ein halbes Jahrhundert nach Auerbachs Tod in einer wissenschaftlich edierten, kommentierten und umfassend kontextualisierten Fassung des Manuskriptes. Vgl. Martin Vialon: »Erich. Auerbach: Philologie als kritische Kunst. Neue Einleitung zur *Scienza Nuova* (1947) – Edition, Kommentar und Nachwort«, in: Peter König (Hg.): *Vico in Europa zwischen 1800 und 1950*, Heidelberg 2013, S. 223–319.

11 Erich Auerbach: *Literatursprache und Publikum in der lateinischen Spätantike und im Mittelalter*, Bern 1958, S. 15.

12 Erich Auerbach: »Die Entstehung der Nationalsprachen im Europa des 16. Jahrhunderts« (1938), in: *Kultur als Politik. Aufsätze aus dem Exil zur Geschichte und Zukunft Europas (1938–1947)*, Konstanz 2014, S. 51–65, hier: S. 52 f.

13 Ebd., S. 59.

14 Ebd., S. 65.

15 Erich Auerbach: »Literatur und Krieg«, in: Auerbach (Anm. 12, Kultur als Politik), S. 33–49, hier: S. 48.

16 Auerbach (Anm. 3), S. XLI.

17 Als Kritik an Auerbachs christlich geprägtem Kosmopolitismus ist eine aus dezidiert jüdischer Perspektive geschriebene Darstellung insofern signifikant, als sie das polemische Potential seines Ansatzes im Horizont eines nationalreligiösen Narrativs ahnen lässt. Vgl. das Kapitel »Typologie and the Holocaust: Erich Auerbach and Judeo-Christian Europe«, in: Malachi Haim Hacohen: *Jacob and Esau. Jewish European History betwenn Nation and Empire*, Cambridge 2019, S. 483–539.

18 Erich Auerbach: »Figura«, in: ders.: *Gesammelte Aufsätze zur Philologie*, Neuauflage, hg. und ergänzt um Aufsätze, Primärbibliographie und Nachwort von Matthias Bormuth und Martin Vialon, Tübingen 2018, S. 55–90, hier: S. 75.

19 Vgl. Avihu Zakai: *Erich Auerbach and the Crisis of German Philology. The Humanist Tradition in Peril*, Springer 2017.

20 Vgl. Auerbach (Anm. 18), S. 75.

21 Vgl. Avihu Zakai: »Erich Auerbach and the Crisis of German Philology«, in: David Weinstein and Avihu Zakai: *Jewish Exiles and European Thought in the Shadow of the Third Reich*, Cambridge 2017, S. 193–264.

22 Vgl. Auerbach (Anm. 18), S. 74.

23 Vgl. ebd.

24 Galater 3,23–29.

25 Auerbach (Anm. 18), S. 94 f.

26 Auerbach (Anm. 1), S. 21.

27 Vgl. Max Weber: *Schriften 1894–1922*, hg. von Dirk Käsler, Stuttgart 2002, S. 28 Auerbach (Anm. 18), S. 83.

29 Ebd., S. 83 f.

30 Ebd., S. 84.

31 Ebd., S. 84 f..

32 Erich Auerbach (Anm. 7), S. 18.

33 Ebd., S. 21.

34 Auerbach (Anm. 18), S. 88.

35 Auerbach (Anm. 11), S. 14.

36 Erich Auerbach: »Vicos Auseinandersetzung mit Descartes«, in: Auerbach (Anm. 18, *Aufsätze*), S. 361–376, hier: S. 362.

37 Ebd., S. 375.

38 Auerbach (Anm. 1), S. 518.

Nachweise und Dank

Die Essays zwischen Prolog und Epilog wurden in anderer Form zuerst unter folgenden Titeln veröffentlicht:

»Erich Auerbach – Kulturphilosoph im Exil. Nachwort«, in: Erich Auerbach: *Gesammelte Aufsätze zur Romanischen Philologie.* Zweite, um neue Aufsätze ergänzte Auflage, herausgegeben und mit Nachwort wie Primärbibliographie versehen von Matthias Bormuth und Martin Vialon, Tübingen 2018, S. 407–436.

Mimesis und Der christliche Gentleman – Erich Auerbach und Karl Löwith, Warmbronn 2006.

»Deutsche Menschen. Erich Auerbach schreibt an Walter Benjamin«, in: *Offener Horizont. Jahrbuch der Karl Jaspers-Gesellschaft* 4 (2017), S. 105–117.

Ich danke Malte Maria Unverzagt herzlich für die Redaktion des Bandes und folgenden studentischen Mitarbeitern des Karl Jaspers-Hauses für die Kollationierung einzelner Texte: Simon Kirchmann und Kathrin Massarczyk.

Redaktion: Malte Maria Unverzagt

Bibliografische Information der Deutschen Nationalbibliothek
Die Deutsche Nationalbibliothek verzeichnet diese Publikation in der Deutschen Nationalbibliografie; detaillierte bibliografische Daten sind im Internet über http://dnb.d-nb.de abrufbar.

www.wallstein-verlag.de

Vom Verlag gesetzt aus der Adobe Jenson Pro
Einbandabbildungen: El Greco: *Paulus* (Ausschnitt aus *Die Apostel Petrus und Paulus*, 1592); Sandro Botticelli: *Porträt des Dante Alighieri*, 1495; unbekannter Künstler, vermutl. nach einem Gemälde von Francesco Solimena: *G. B. Vico*, 1804; unbekannter Künstler: *Michel de Montaigne*
Druck und Verarbeitung: Hubert & Co, Göttingen

ISBN 978-3-8353-3662-9